© Frank Goebel
Hausmannstraße 1
30159 Hannover
sw Edition

Frank Goebel

Eis-Abitur
Klassenbuch

Grundlagen
Zutaten
Physik
Bilanzierung
Maschinenkunde
Tipps & Tricks
Spickzettel
218 bilanzierte -18°C taugliche Rezepte
Milch-Sahne-Eis
Joghurt Eis
Sorbets
Herstellung eigener Fertigpulver für Milch-Sahne-Eis und Joghurt Eis
Online Klassengemeinschaft

Inhaltsverzeichnis

Inhaltsverzeichnis 3
Einschulung 12
Einkaufszettel 15
Die Eisbilanz 18
Zucker, Glukose & Co 19
Bindemittel 31
Inulin 36
Magermilchpulver 38
Glycerin 41
Input = Output 44
Die Tiefkühlung 46
Die Eismaschine 47
   Zitronen Mascarpone Eis 50
Pasteurisieren 58
   Schokoladen Eis 60
   Erdbeer Eis 63
   Bananen Eis 64
   Snickers Eis 65
   After Eight Eis 66
   Vanille Eis 67
   Philadelphia Heidelbeeren Eis 68
   Philadelphia Ananas Eis 69
   Pistazien Eis 71
   Schwarzwälder Kirsch Eis 73

- Stracciatella Eis 75
- Cappuccino Eis 76
- Feigen Eis 77
- Spickzettel Alkohol 78
  - Feigen Portwein Eis 80
  - Tiramisu Eis 81
  - Weißwein Eis 83
  - Bier Eis 85
  - Weißes Schokoladen Eis 86
  - Eierlikör Eis 87
  - Milch Eis 89
  - Fior di Latte 90
  - Sauerrahm Eis 91
  - Sauerrahm Senf Eis 92
  - Schoko Orangen Eis 93
  - Schokoladen Chili Eis 94
  - Walnuss Eis Maple mit Ahornsirup 95
  - Zitronen Eis 96
  - Kokos Eis 97
  - Lakritz Eis 98
  - Málaga Eis 99
  - Kirsch Eis 100
  - Haselnuss Eis 101
  - Mango Eis 102
  - Toblerone Eis 103
  - Waldmeister Eis 104
  - Monin Zuckerwatte Eis 105
  - Marzipan Eis 106
  - Amaretto Napoli Eis 107

Nuss Nougat Eis mit Amarenakirschen 108
Philadelphia Brombeere Eis 109
Philadelphia Himbeeren Eis 110
Philadelphia Johannisbeeren Eis 111
Philadelphia Aprikosen Eis 113
Philadelphia Wassermelone 114
Hugo Eis 115
Toffifee Eis 116
Pfirsich Eis 117
Nougat Eis 118
Mon Cheri Eis 119
Meuterei auf der Bounty 120
Giotto Eis 121
Giotto Eierlikör Eis 122
Zitrone Buttermilch Eis 123
Milky Way Eis 124
Mars Eis 124
Kokos Mango Eis 125
Mango Fruchtpüree Eis 126
Kinderschokolade Eis 127
Kinder Schokobons Eis 128
Pflaumen Eis 129
Raffaello Eis 130
Baileys Eis 131
Nutella Eis 132
Daim Eis 133
Cantaloupe Melone Mascarpone Eis 134
Cantaloupe Melone Eis 136
Wassermelonen Eis 137

Apfel Ricotta Eis 138
Holunderbeeren Rotwein Eis 139
Kirsch Bananen Eis 140
Sanddorn Mascarpone Eis 141
Sanddorn Eis 141
Matcha Eis 142
Erdnuss Eis 143
Erdnuss Eis salzig 144
Salz Karamell Eis 144
Kürbis Eis 145
Macadamia Karamell Eis 146
Pinienkern Eis 147
Rocher (Baileys) Eis 148
Sahne Muh Muhs Eis 149
Grieß Eis 150
Popcorn Eis 151
Apfel Sorbet 152
Bananen Sorbet 153
Birnen Vanille Sorbet mit oder ohne Portwein 154
Caipirinha Sorbet 155
Campari Orangen Sorbet 156
Champagner Sorbet 156
Erdbeer Sorbet 157
Sanddorn Sorbet mit Wodka 157
Grüntee Sorbet 158
Matchatee Sorbet 158
Jasmin Matcha Sorbet 159
Gin Tonic Sorbet 159
Gurken Minze Sorbet 160

Honigmelonen Sorbet 161
Hugo Sorbet 161
Mango Sorbet 162
Schoko Sorbet 162
Sex On The Beach Sorbet 163
Zitronen Basilikum Sorbet 164
Christstollen Eis 165
Dominosteine Eis 166
Lebkuchen Eis 167
Marzipankartoffel Eis 168
Schokolade Sauerkirschen Eis mit Amaretto 169
Spekulatius Eis mit Creme 170
Zimtsterne Eis 171
Mandarinen Joghurt Eis 172
Maronen Eis mit Creme 173
Gebrannte Walnüsse Eis 174
Gebrannte Mandeln Eis - Mit oder ohne Eierlikör! 175
Vanille Eis mit Ei 176
Schokoladen Eis mit Ei 178
Weißes Schokoladen Eis mit Ei 179
Orangen Schokolade Eis mit Ei 179
Bratapfel Eis 180
Eierlikör Eis mit Ei 181
Erdbeeren Joghurt Eis 182
Himbeeren Joghurt Eis 183
Bananen Joghurt Eis 184
Joghurt Pur Eis 185
Orangen Joghurt Eis 186
Heidelbeeren Joghurt Eis 187

- Kirschen Joghurt Eis 188
- Passionsfrucht Joghurt Eis 189
- Mango Joghurt Eis 190
- Pfirsich Joghurt Eis 191
- Brombeeren Joghurt Eis 192
- Holunderbeeren Joghurt Eis 193
- Aprikosen Joghurt Eis 194
- Ananas Joghurt Eis 195
- Grapefruit Joghurt Eis 196
- Limetten Joghurt Eis 197
- Zitronen Joghurt Eis 198
- Walnuss Honig Joghurt Eis 199
- Haselnuss Joghurt Eis 200
- Pistazien Joghurt Eis 201
- Rhabarber Joghurt Eis 202
- Johannisbeeren Joghurt Eis 203
- Stachelbeeren Joghurt Eis 204
- Pflaumen Joghurt Eis 205
- Sanddorn Joghurt Eis 206

Bilanzieren 207
Fertigpulver 221
Emil Cool 222
Emil Hot 223
Emil -18 224
- Pfirsich Emil -18 228
- Bananen Emil -18 229
- Erdbeeren Emil -18 229
- Himbeeren Emil -18 230
- Heidelbeeren Emil -18 230

Kirschen Emil -18 231

Passionsfrucht Emil -18 231

Mango Emil -18 232

Brombeeren Emil -18 232

Holunderbeeren Emil -18 233

Aprikosen Emil -18..233

Ananas Emil -18 234

Grapefruit Emil -18 234

Limette Emil -18..235

Zitrone Emil -18 235

Walnuss Honig Emil -18 236

Haselnuss Emil -18 236

Pistazien Emil -18..237

Rhabarber Emil -18 237

Johannisbeeren Emil -18 238

Stachelbeeren Emil -18 238

Pflaumen Emil -18...239

Schokoladen Emil -18 239

Vanille Emil -18..240

Weißes Schokoladen Emil -18 240

Kokos Emil -18...241

Tiramisu Emil -18 241

Zitronen Mascarpone Emil -18 242

Snickers Emil-18 242

Mars Emil-18..243

After Eight Emil-18 243

Orangen Ricotta Emil -18 244

Málaga Emil -18 244

Milcheis Emil -18...245

Fior di Latte Emil -18 245
Marzipan Emil -18 246
Emil -18J   J für Joghurt 247
Joghurt Pur Emil -18J 249
Erdbeeren Emil -18J 250
Himbeeren Emil -18J 250
Bananen Emil -18J 251
Heidelbeeren Emil -18J 251
Kirsch Emil -18J 252
Passionsfrucht Emil -18J 252
Mango Emil -18J 253
Pfirsich Emil -18J 253
Brombeeren Emil -18J 254
Holunderbeeren Emil -18J 254
Aprikosen Emil -18J 255
Ananas Emil -18J 255
Grapefruit Emil -18J 256
Limetten Emil -18J 256
Zitronen Emil -18J 257
Walnuss Honig Emil -18J 257
Haselnuss Emil -18J 258
Pistazien Emil -18J 258
Rhabarber Emil -18J 259
Johannisbeeren Emil -18J 259
Stachelbeeren Emil -18J 260
Pflaumen Emil -18J 260
Orangen Emil -18J 261
Mandarinen Emil -18J 261
Sanddorn Emil -18J 262

    Gorgonzola-Eis 263
    Grüne Oliven Schafskäse Eis 265
    Panettone Eis 266
Zeugnisvergabe 267
Spickzettel 268

Einschulung

Lieber Eislust statt Eisfrust? Dann herzlich willkommen beim Eis-Abitur Klassenbuch. Mit dem Start der Lektüre dieses Klassenbuches ist die erste Lektion bereits bestanden, denn eine Eismaschine allein, und sei sie noch so schön und raffiniert, macht noch lange kein gutes Eis. Weder geschmacklich noch technisch. Das Eis-Abitur Klassenbuch zeigt, in einfachen und verständlichen Worten und Beispielen, wie man im Handumdrehen feinste und perfekte Ergebnisse, sogar mit eigenen Rezepten, aus seiner Eismaschine holt, die nicht nur lecker schmecken, sondern auch direkt aus der Tiefkühle, bei vollen -18°C, noch gut portionierbar sind. Denn genau das ist die Kunst, deren Beherrschung zwischen Eislust und Eisfrust entscheidet.

Nun kann man sich fragen, warum man sein Eis-Abitur braucht, wenn es auf dem Markt doch Fertigpulver gibt, die einem das Leben leicht machen und die diese Ziele erreichen sollen. Die Antwort ist ganz leicht: Fertigpulver sind zunächst völlig überteuert, sie verhindern jede eigene Kreativität und machen abhängig vom Hersteller. Hinzu kommt, dass man nicht wirklich weiß was man da zu Eis verarbeitet, ob das wirklich alles so natürlich und gesund ist und, das Wichtigste überhaupt: Man ist immer auf den Geschmack und die Tiefkühle des Herstellers angewiesen. Das macht auf die Dauer nun wirklich keinen Spaß und das muss auch überhaupt nicht sein, denn wer sein Eis-Abitur macht, stellt seine eigenen Fertigpulver her, bleibt unendlich kreativ und spart viel Geld.

Wer sich für den Kauf einer Eismaschine entscheidet, möchte sein eigenes Eis herstellen, aus frischen und natürlichen Zutaten. Dabei hat man in der Regel zwei Möglichkeiten seine Eismaschine zu nutzen: Zum einen stellt man sein Eis „Just in time" her, also zum sofortigen Verzehr, oder man möchte, mindestens einen Teil der aktuellen Produktion, in der Tiefkühle lagern, bei handelsüblichen -18°C. So kann man sich einen ganzen Vorrat diverser Sorten und Geschmacksrichtungen anlegen und sie genießen, wann immer man möchte. Doch genau hier fangen die Probleme an, denn Rezepte findet man jede Menge, es gibt eine Vielzahl von Büchern, Blogs oder Netzfunde, die Eisrezepte aller Art präsentieren, doch die allermeisten halten nicht, was sie versprechen oder was man sich selbst verspricht, denn während man geschmacklich gewiss immer wieder hochzufrieden sein wird, spätestens bei der Physik versagen die meisten Rezepte nahezu vollständig. Das liegt einfach daran, dass diese Rezepte nicht für tiefe Temperaturen ausgelegt sind. Die meisten Rezepte schaffen, wenn überhaupt, in der Regel -8°C bis -11°C, vielleicht noch die Eisdielentemperatur von bis zu -13°C, doch dann ist Schluss. Und schon ist der Eisfrust angekommen, denn was eben aus der Eismaschine noch cremig, lecker und von feinster Qualität war, hat sich nach kurzer Zeit, bei einer Lagertemperatur von bis zu -18°C, in einen ungnädigen Ziegelstein verwandelt, der freiwillig nicht eine Kugel Eis hergibt.

Das ist sehr ärgerlich und nun wird es umständlich, denn man muss das Eis antauen, um es portionieren zu können. Das Antauen aber will gelernt sein, es darf nicht bei Zimmertemperatur, nicht in der Sonne, der Mikrowelle und schon gar nicht auf der Heizung erfolgen, das Antauen muss im Kühlschrank geschehen. Das kann schon mal bis zu 30 Minuten dauern, die Flexibilität ist futsch und zusätzlich hat das Antauen und erneute einfrieren von Resten auf jeden Fall negative Folgen für den Geschmack und die Konsistenz.

Wenn jetzt der Geschmack nicht stimmt, die Farbe nicht passt, das Eis nicht süß genug, zu süß, zu fettig oder zu wenig fruchtig, auch oder gerade durch den Einsatz von Fertigpulvern zu unpersönlich ist, ist der Eisfrust perfekt. Jetzt entscheidet sich das Schicksal der Eismaschine: Entweder wird sie noch für weitere erfolglose Versuche eingesetzt, oder sie landet gleich im Keller oder wird verkauft.

Doch das alles muss nicht sein. Die Eisherstellung ist lediglich eine Frage des eigenen Geschmacks und natürlich der Physik. Seinem Geschmack kann man sich nähern und die Physik kann man erlernen und beherrschen, denn auch wenn die Physik es will, dass Wasser bei 0°C fest wird, kann man sie cremig und geschmeidig überlisten. Wie das funktioniert, verrät das Eis-Abitur Klassenbuch. Das alles kurz und bündig sowie leicht verständlich. Wem Begriffe wie Dextrose und Trockenglukose fremd sind, wer nicht weiß warum Johannisbrotkernmehl und Guarkernmehl heiraten, dass ihre Kinder Pektin und Lecithin heißen, warum man Pektin warm baden muss und wer noch nie etwas von einer Eisbilanz gehört hat, der ist mit dem Eis-Abitur Klassenbuch bestens bedient, denn diese Wissenslücken und noch einige andere mehr, werden ruckzuck geschlossen. Dies alles gut gelaunt und fröhlich und bei Bedarf mit jetzt schon über 3.000 Mitschülern in einer Onlineklasse, in der jeder den Support erhalten kann, den man benötigt, zu jeder Zeit und zu jeder Frage, denn kein Problem ist zu groß, dass es nicht gelöst werden könnte und keine Frage ist zu dumm, dass sie keine Antwort findet. Wer heute mit der Einschulung beginnt, wird schon morgen erste leckere Erfolge erzielen und weit über sich hinauswachsen, bis jeder am Ende des Schuljahres sein eignes und perfektes Eis kreieren kann. Den Schlüssel zur eigenen Kreativität bei der Eisherstellung gibt es beim Eis-Abitur für jeden sogar gratis, denn beim Eis-Abitur herrscht Lehrmittelfreiheit. Dazu nutzen wir ein Tool, also eine Tabelle, für die man anderswo viel Geld bezahlen muss und dennoch nicht weiß, wie man damit richtig umgeht. Beides, Tool und Support, sind beim Eis-Abitur immer gratis.

Das Eis-Abitur ist nicht schwer, nur lecker. Beim Eis-Abitur ist fast alles erlaubt. Abschreiben, schwätzen im Unterricht, Hausaufgaben aufessen und Prüfungen mit Spickzetteln bestehen wird sogar ausdrücklich gefördert, doch drei Paragraphen hat auch unsere Schulordnung:

§1: Spaß, Spaß und nochmals Spaß!
§2: Nur natürliche Zutaten verwenden!
§3: Niemals teure Fertigpulver verwenden, die machen wir selbst!

Diese Schulordnung ist übersichtlich, gesund und spart einen Haufen Geld. So macht die Eisherstellung Spaß. Viel Erfolg beim Eis-Abitur!

Einkaufszettel

Unverzichtbar
- Zucker
- Trockenglukose
- Dextrose
- Magermilchpulver
- Johannisbrotkernmehl
- Salz

Ergänzungszutaten
- Inulin
- Guarkernmehl
- Pektin
- Lecithin
- Joghurtpulver

Für den Geschmack
- Schokolade
- Früchte
- Vanille
- Aromen
- Zitronen
- Mascarpone etc.
- Milch, Sahne, Eier etc.

Mitarbeiter
- Eismaschine
- Gefrierdosen, Mixer
- Sicherheitsdienst gegen Eisdiebe
- Spatel, Küchenmaschine
- Thermometer für Tiefkühle
- Lebensmittel-Thermometer

Das Wichtigste beim Eis-Abitur sind unsere Spickzettel. Hier haben wir schon den ersten, der uns verrät, was wir alles benötigen für ein erfolgreiches Eis-Abitur.

Unser Eis-Abitur Klassenbuch beinhaltet einige Spickzettel, die am Ende alle noch einmal als Sammlung aufgeführt werden, damit man sie nicht lange suchen muss und immer parat hat.

Doch vor dem Probieren steht das Studieren und vor der Praxis, bedarf es etwas Hintergrundwissen. Also stürzen wir uns in die Theorie, damit wir schon bald unseren ersten leckeren Test durchführen können.

Wichtiger Hinweis:

Alles was jetzt an Theorie kommt, ist manchmal verwirrend, weil so viele neue Begriffe auf einen zukommen, wenn man mit der Materie noch nicht vertraut ist. Da raucht einem schon mal der Kopf und man möchte am liebsten aufhören mit dem Lernen. Macht Euch aber keine Sorgen, die Theorie wird im praktischen Teil zur Selbstverständlichkeit, die jeder versteht. Auch das ist versprochen!

An dieser Stelle stellt sich aber erst einmal der Praktikant vom Eis-Abitur vor, unser Emil. Emil hat mit Theorie auch nicht so viel am Hut, wie man leicht erkennen kann. Dennoch ist Emil mittlerweile Profi und erfindet seine eigenen Rezepte, die Euch noch viel Spaß machen werden.

Jetzt geht's los.

Die Eisbilanz

Wir bilanzieren unser Eis, genauer gesagt unsere Rezepte, mittels eines Tools, genauer einer Tabelle, die jeder kostenlos downloaden kann und dazu online jeden Support erhält, den man benötigt. Das ist der Schlüssel zur Eislust und verhindert den überflüssigen Eisfrust.

Aber warum eigentlich?

Zunächst wollen wir ja die Physik beeinflussen. Klar ist, dass Wasser bei 0°C gefriert. Nun wollen wir aber unser Eis, direkt aus der Tiefkühle, portionieren können. Dazu muss unser Eis, genauer die Eismasse, zu einem gewissen Teil aus flüssigen Stoffen bestehen und zu einem gewissen Teil aus trockenen Stoffen. So unterscheiden wir in der Eismasse die Bestandteile Wasser und Trockenmasse. Stehen Wasser und Trockenmasse in einem bestimmten Verhältnis zueinander, beeinflussen wir die Physik und das Eis wird in der Tiefkühle nicht mehr zum Ziegelstein. Damit uns das Eis auch schmeckt, achten wir auf die ebenfalls wichtigen Bestandteile unserer Eismasse, nämlich Zucker und Fett.

Damit Wasser, Trockenmasse, Zucker und Fett in einem richtigen Verhältnis stehen, bilanzieren wir unsere Eismasse. Klingt kompliziert, ist es aber gar nicht. Das lernen wir Stück für Stück und fangen gleich mal mit der Trockenmasse an, nämlich mit Zucker, Glukose & Co:

Zucker, Glukose & Co

Thema Zucker, Glukose, Glukosepulver, Maltodextrin, Glukosesirup, Trockenglukose und Dextrose:

Diese Begriffe können einen schon ganz schön verwirren. Ist Dextrose nun Glukose oder Glukosepulver und was ist dann Trockenglukose oder Glukosesirup und wo ist der Unterschied zum Zucker? Und was soll das Zeugs im Eis? Das hört sich ja, bis auf den Zucker, alles so künstlich an.

Fangen wir einmal an, diese Begriffe aufzuklären.

Eines ist klar: Zucker ist süß. Und was ist Glukose?

Glukose heißt nichts weiter als "süß".

Unter Süßpulver oder Süßsirup kann man sich schon eher etwas vorstellen. Es könnte sich also um Zucker handeln, wenn wir über Glukose sprechen.

Zucker kann man aus Zuckerrüben oder Zuckerrohr herstellen. Es gibt auch Zucker aus Früchten. Jeder kennt den Begriff „Traubenzucker", der ursprünglich aus Weintrauben gewonnen wurde und 1792 von Johann Tobias Lowitz entdeckt und als verschieden zu Rohrzucker erkannt wurde. 1883 prägte Jean Baptiste Andre Dumas, ein französischer Chemiker, den Begriff D-Glukose als Fachbegriff für Traubenzucker.

Nun hat der Begriff um 1860 Friedrich August Kekulé, ein deutschen Chemiker, sehr verwirrt, dem der Begriff D-Glukose zu oberflächlich war. Bei seinen Forschungen stellte er fest, dass man Traubenzucker, gewonnen aus Weintrauben, in Flüssigkeit auflösen kann und wenn Licht auf das Gemisch fällt, dreht sich ein bestimmtes Licht, ein farblich gleicher Lichtschein also, ähnlich wie bei der Farbgebung eines Regenbogens, in dem Gemisch immer nach rechts, wenn man das Gemisch aus Flüssigkeit und dem Traubenzucker mit einer Lichtquelle, der Sonne z. B. betrachtet. So gab er dem Traubenzucker, der bis dahin Glukose oder auch D-Glukose hieß, den neuen Namen „Dextrose", der abgeleitet ist von dem lateinischen Wort „dexter", was „rechts" heißt.

Wir merken uns: Dextrose ist Traubenzucker!

Die Zeiten, dass man Zucker aus Früchten wie Trauben, aus Zuckerrüben oder Zuckerrohr herstellen kann, um den Bedarf der Menschheit zu decken, sind längst vorbei. Heute gewinnt man viele Arten Zucker aus Stärke, die wiederum aus Kartoffeln, Mais oder Weizen hergestellt wird. Aber wie geht das?

Wer schon einmal längere Zeit auf einem Brötchen herumgekaut hat, wird gemerkt haben, dass das Brötchen im Mund plötzlich süß wird. Das liegt an Enzymen in unserem Speichel. Diese Enzyme spalten die Stärke im Brötchen in Zuckereinheiten auf und dadurch wird es süß im Mund.

Diesen Effekt kann man industriell nutzen. Heute kann man Enzyme herstellen, sogenannte Amylasen, die in großem Stil Stärke aus Kartoffeln, Mais oder Weizen verzuckern können.

Dieser Herstellungsprozess dauert eine gewisse Zeit, bis man aus der Stärke einen richtig süßen Stoff gewonnen hat, nämlich Dextrose, also Traubenzucker, so wie wir ihn heute kennen. Auf dem Weg dahin entstehen verschiedene Zwischenprodukte, die schon etwas süß sind und gewisse Eigenschaften haben, die uns bei der Eisherstellung helfen können. Dabei wird die Stärke durch die Enzyme zunächst verflüssigt, es entsteht ein Sirup.

So entsteht zunächst Maltodextrin, ein Kohlenhydrat, das, ähnlich wie Traubenzucker, schnell in das Blut eindringt und den Körper mit Energie versorgt. Maltodextrin ist sehr wenig süß und kann daher in großer Dosis aufgenommen werden, z. B. in Sportlerdrinks, die wenig süß sind und viel Energie liefern.

Im weiteren Verlauf entsteht der Glukosesirup, den wir zur Eisherstellung nutzen, der ebenfalls weniger süß ist als Traubenzucker, aber noch Eigenschaften besitzt, die wir im Eis nutzen, denn der Glukosesirup enthält noch relativ viel Stärke, die Wasser bindet und das ist perfekt für unser Eis, denn gebundenes Wasser wird bei tiefen Temperaturen nicht zum Ziegelstein.

Lässt man die Enzyme weiterarbeiten, entsteht am Ende aus dem Sirup, durch Kristallisation, Dextrose, also Traubenzucker mit voller Süße, die wir vom Traubenzucker gewöhnt sind. Der Zeitpunkt wann dieser Vorgang, das Arbeiten der Enzyme an der Stärke, abgebrochen wird, entscheidet also, ob Maltodextrin, Trockenglukose oder Dextrose hergestellt wird.

Die Arten Sirup werden entweder als Sirup genutzt oder sie werden sprühgetrocknet und es entsteht Maltodextrinpulver oder auch Glukosepulver, unsere Trockenglukose auf dem Einkaufszettel oder eben Dextrose, auch Traubenzucker genannt. Der Unterschied zwischen Dextrose, Maltodextrin und Trockenglukose ist damit herausgearbeitet:

Maltodextrose und Trockenglukose sind weniger süß. Man kann Trockenglukose also zur Eismasse geben um den Anteil an Trockenmasse zu erhöhen, ohne dass das Eis zu süß wird. Darüber hinaus hat Trockenglukose die Eigenschaft, dass sie, eben weil noch viel Stärke in ihr enthalten ist, Wasser bindet, was die Bildung von lästigen Wasserkristallen im Eis verhindert. Und Trockenglukose verhindert auch bei längerer Lagerung in der Tiefkühle, dass das gebundene Wasser doch noch irgendwann kristallisiert und das Eis härter wird. Zusätzlich senkt Trockenglukose den Gefrierpunkt des Wassers.

Dextrose senkt den Gefrierpunkt des Wassers erheblich mehr als Trockenglukose, ist aber auch erheblich süßer, so dass das Eis schnell unnatürlich süß werden kann, denn die Süße von Dextrose wird oft als unnatürlich im Vergleich zum normalen Zucker empfunden. Dextrose bindet jedoch das Wasser nicht so wie die Trockenglukose, weil bei der Verzuckerung von Stärke im Endprodukt Dextrose eben kaum noch Stärke enthalten ist, die Wasser binden könnte. Wie wir beim Einkauf Trockenglukose und Dextrose unterscheiden, wird an späterer Stelle noch einmal erklärt. Wer nämlich statt Trockenglukose Dextrose verwendet, und umgekehrt, wer statt Dextrose Trockenglukose verwendet, wird keine optimalen Ergebnisse aus unseren Rezepten erzielen.

Die Fähigkeit den Gefrierpunkt von Wasser zu senken, wird in einem Wert ausgedrückt, dem PAC Wert. Je höher dieser Wert, desto höher die Wirksamkeit der Gefrierhemmung.

Die Süßkraft der entsprechenden Stoffe wird in einem Wert gemessen, dem POD Wert. Je höher dieser Wert, desto süßer der Stoff.

Auf dem Weg von der Stärke zur Dextrose kennzeichnet man die Zwischenprodukte Maltodextrin und Trockenglukose mit einem DE-Wert. Je höher der DE-Wert, desto mehr wird das Produkt dem Traubenzucker, der Dextrose, ähneln, der Dextrose gleichwertig, also äquivalent sein.

Der Wert DE drückt die Annäherung zur Dextrose aus. DE steht dabei für: "dextrose equivalent".

Es gibt folgende DE-Werte:
DE 0 ist Stärke.
DE 3 bis DE 20 ist Maltodextrin.

DE 20 bis DE 68 ist Glukosesirup, getrocknet Glukosepulver oder Trockenglukose.
DE 92 bis DE 100 ist Dextrose.

Mit Hilfe dieser DE Werte erkennt man beim Kauf dieser Produkte, worum es sich handelt und wie süß diese sind.

Wer nun glaubt, damit sei die Stärkeverzuckerung abgeschlossen, der irrt. Durch die sogenannte Isomerisierung kann man aus Glukosesirup fruktosehaltigen Sirup herstellen. Dieser Sirup wird in der Industrie z. B. zum Süßen von Getränken verwendet und hat längst herkömmlichen Zucker abgelöst. Sprühgetrocknet wird aus Fruktosesirup Fruktosepulver.

Bei der Sprühtrocknung wird ein flüssiger Stoff mittels eines Zerstäubers in einen Heißgasstrom gebracht und darin in kürzester Zeit durch Entzug des Wassers pulverisiert. So entsteht im Übrigen auch Milch- oder Joghurtpulver, das wir ebenfalls für unser Eis nutzen.

Schaubild Verzuckerung von Stärke:

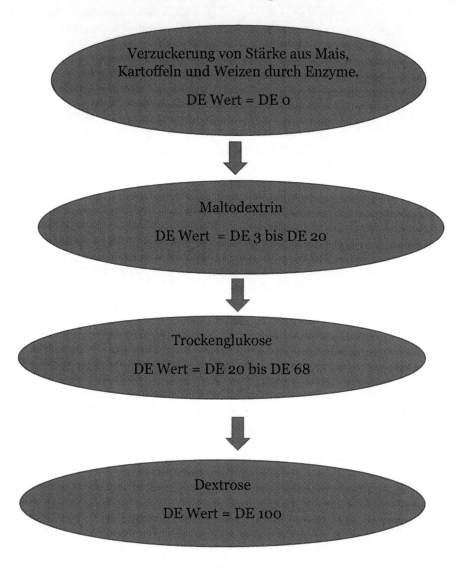

Wir verwenden in unseren Rezepten Zucker, Trockenglukose und Dextrose, selten Maltodextrin.

Damit das Wasser in unserer Eismasse nicht zum Ziegelstein wird, füllen wir die Eismasse mit trockenen Stoffen auf, die man auch „Füllstoffe" nennt.

Zucker, Trockenglukose und Dextrose sind solche Füllstoffe. Auch wissen wir nun schon, dass Zucker, Trockenglukose und Dextrose unterschiedlich süß sind. Wir können also durch deren Einsatz die Süße unserer Eismasse steuern. Darüber hinaus wissen wir schon, dass Zucker, Trockenglukose und Dextrose prima Gefrierhemmer sind, die es ermöglichen, dass unser Eis direkt aus der Tiefkühle portionierbar ist.

Ganz schön viel Theorie, aber, und das ist versprochen, jetzt haben wir es fast geschafft! Und zum besseren Verständnis kommen gleich noch ein paar Spickzettel. Also nicht aufgeben und weiter mit dem Rest der lästigen Theorie:

Es gibt nämlich ein paar Grenzen, in denen wir Trockenglukose und Dextrose einsetzen können, denn wie immer im Leben sollte man hiervon und davon nicht zu viel und nicht zu wenig einsetzen, wenn man ausgewogene und gewünschte Ergebnisse erzielen möchte. Daher gilt:

Trockenglukose kann in unserer Eismasse bis zu 8% der Eismasse betragen.

Dextrose sollte einen Anteil zwischen 3% und 6% an der Eismasse haben.

Bei einer Eismasse von 1.000g darf diese demnach bis zu 80g Trockenglukose enthalten und zwischen 30g und 60g Dextrose.

Damit haben wir schon viel gelernt. Jetzt wird es aber noch einmal kurzfristig spannend:

Neben der Gefrierhemmung steuern wir ja mit dem Einsatz von Zucker, Trockenglukose und Dextrose auch die Süße unserer Eismasse. Wir müssen die Zutaten also vergleichen können, was die unterschiedliche Süße und die Gefrierhemmung angeht.

Um die Süßkraft dieser Stoffe zu unterscheiden, gehen wir davon aus, dass Zucker 100% Süßkraft hat.

Dextrose hat demgegenüber nur eine Süßkraft von 70% und Trockenglukose nur etwa 20%.

Um die unterschiedliche Gefrierhemmung von Zucker, Trockenglukose und Dextrose zu vergleichen, gehen wir davon aus, dass Zucker eine Gefrierhemmung von 100% hat. Dem gegenüber hat Trockenglukose nur eine Gefrierhemmung von 40% verhindert aber die Kristallisation von Wasser und kräftigt die Struktur der Eismasse, weil sie Wasser bindet.

Dextrose hat eine Gefrierhemmung von 190% gegenüber Zucker.

Daraus ergibt sich, dass wir bei einer Lagertemperatur von -18°C, möglichst viel Dextrose einsetzen müssen, wenn keine anderen Gefrierhemmer im Einsatz sind, wie z. B. Alkohol. Um die Süße der Dextrose zu kompensieren, die oft auch als unnatürlich empfunden wird, weil sie einen gewissen Nachgeschmack hat, müssen wir mit Trockenglukose nachsteuern und für den gewohnten Geschmack der Süße den normalen Haushaltszucker einsetzen. Aber das ist gar nicht so kompliziert wie man jetzt vielleicht denkt.

Das war nun der schlimmste Teil der Theorie, den wir zum Eis-Abitur benötigen. Geht doch, oder? Beim Eis-Abitur verzichten wir auf alle weiteren z.B. chemischen Erklärungen und alle weiteren Fachbegriffe, denn die benötigt am Ende niemand, um sein eigenes Eis herzustellen. Daran können sich andere verlieren, für uns reicht das und wir wollen so schnell wie möglich leckere und praktische Erfahrungen sammeln. Wer jetzt aber nicht alles verstanden hat und wem das auch zu viel war, kann sich mit ein paar Spickzetteln behelfen, die alles festhalten, was man zukünftig wissen muss, wenn man sein eigenes Eis selbst bilanzieren möchte. Im unwahrscheinlichen Fall, dass man nicht irgendwann auf die Idee kommt, seine eigenen Rezepte zu entwerfen, nutzt man nur den ersten Spickzettel, nämlich den zum Einkauf. Die anderen kann man überschlagen.

Wer aber bis hierhin gekommen ist, wenn auch noch etwas skeptisch, und immer noch Eislust hat, will irgendwann im Laufe der Zeit seine eigenen Rezepte erstellen. Das ist garantiert! Und dass das klappt, das ist hiermit auch garantiert!

Also auf zu den nächsten Spickzetteln, die unsere erste große Lektion auf den Punkt bringen:

Verhältnis Süßkraft und Gefrierhemmung.

Stoff	Süßkraft POD Wert	Gefrierhemmung PAC Wert
Zucker	100%	100%
Maltodextrin DE 18	15%	33%
Trockenglukose DE 38	33 %	40%
Dextrose	70%	190%
Invertzucker	130%	190%

Eis-Abitur.de

SPICKZETTEL
Bis 8% Trockenglukose

...kalkulieren wir bei Milch-Sahne-Eis und Sorbet auf die Eismssse also bis 80g auf 1.000g Eismasse.
Trockenglukose verringert den Zuckeranteil, bindet Wasser, macht weniger süß und verbessert die Struktur.

Eis-Abitur.de

SPICKZETTEL
Bis zu 6% Dextrose

...kalkulieren wir bei Milch-Sahne-Eis und Sorbet auf die Eismasse, also bis zu 60g Dextrose auf 1.000g Eismasse.

Die Lagertemperatur -18°C benötigt volle 6%.
Wärmere Temperaturen weniger.

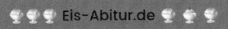
Eis-Abitur.de

Diese neuen Spickzettel sind Richtwerte, die sowohl nach oben, als auch nach unten, Luft lassen. Was das bedeutet, lernen wir noch. Im Moment sind nur die Grenzen der

Einsetzbarkeit von Trockenglukose und Dextrose wichtig und natürlich deren Gefrierhemmung.

Alles klar? Na gut, dann geht es weiter mit der Theorie. Diese wird aber immer kürzer und leichter. Versprochen!

Bindemittel

Als Bindemittel oder Emulgator für die Eismasse kann man Eier (Eigelb) einsetzen oder die pflanzlichen Varianten wie z. B. Johannisbrotkernmehl oder Guarkernmehl nutzen. Sinn von Bindemitteln ist es, die Fett- und Wassermoleküle im Eis zu verbinden, weil sich sonst das Fett oben ablagert und das Wasser unten. Das schmeckt natürlich nicht.

Wer nun Eis in einer Eismaschine macht, und dieses sofort verzehrt, braucht eigentlich keine Bindemittel oder Emulgatoren, denn durch das Rühren werden Wasser und Fett verrührt und verbinden sich, eine Emulsion entsteht, also eine Verbindung von Flüssigkeiten, die sich nicht ineinander auflösen, wie Fett und Wasser im Eis.

Friert man Eis allerdings auf Vorrat ein, werden Bindemittel, also Emulgatoren, wichtig, damit sich beim Antauen des Eises die Moleküle von Wasser und Fett nicht so schnell voneinander trennen und das Eis lecker bleibt.

Wer sein Eis nicht mit Eiern herstellen möchte, kann Johannisbrotkernmehl und Guarkernmehl nutzen. Beides sind pflanzliche Produkte und Ballaststoffe, die aus Pflanzenwurzeln bzw. Pflanzensamen hergestellt werden.

Es wird empfohlen, Johannisbrotkernmehl und Guarkernmehl gemeinsam in der Eismasse zu verwenden, denn beide Zutaten ergänzen sich und wirken gemeinsam positiver auf die Eismasse.

In unseren Rezepten wird standardmäßig nur Johannisbrotkernmehl aufgeführt, gemeint ist aber eine Mischung. Alle Rezepte funktionieren auch prima, wenn man nur Johannisbrotkernmehl verwendet.

Genau wie unterschiedliche Zuckerarten unsere Eismasse positiv verändern, verändern auch unterschiedliche

Bindemittel unsere Eismasse positiv. Daher haben wir für alle Rezepte, egal ob bei der kalten oder der warmen Zubereitung, egal ob Milch-Sahne-Eis oder Sorbet, Johannisbrotkernmehl und Guarkernmehl heiraten lassen. Beide teilen sich also den jeweiligen Anteil im Rezept 50:50.

Stehen 2g JBK, also Johannisbrotkernmehl, im Rezept, nehmen wir je 1g Johannisbrotkernmehl und Guarkernmehl.

Diese Bindemittel werden sehr sparsam eingesetzt, denn sie binden sehr stark.

Man vergleicht die Wirkung mit Stärke. Johannisbrotkernmehl bindet 5 mal mehr als Stärke und Guarkernmehl sogar 8 mal mehr. Beide Bindemittel sind kaltlöslich, man muss sie also nicht erwärmen, um die Wirkung zu erreichen. Oft wird Johannisbrotkernmehl zum Binden warmer Speisen angeboten, Guarkernmehl zum Binden kalter Speisen. Das liegt daran, dass Johannisbrotkernmehl beim Erwärmen in der Bindekraft noch etwas zulegt, es bleibt aber dabei, dass beide Bindemittel kaltlöslich sind.
Bindemittel und deren Komposition, ist in der Regel das große Geheimnis beim Eismachen, dass sich viele Anbieter von z. B. Fertigpulvern teuer bezahlen lassen, weil man nicht weiß, welche Bindemittel in welcher Konzentration benutzt werden. Oft werden Fertigpulver aus Trockenglukose, Dextrose und Bindemitteln hergestellt, die Zutaten sind aufgeführt, aber nicht deren Menge. Damit ist man extrem abhängig von dem Geschmack der Hersteller, also der Süße der Fertigmischung und der Gefrierhemmung. Ist eine Fertigmischung also nur für -13°C ausgelegt, wird das Eis bei -18°C schwer zu portionieren sein.

Es ist also erheblich günstiger und flexibler, wenn wir diese Zutaten selbst steuern.

Wie schon angesprochen, kann man Eisrezepte kalt zubereiten und warm. Das kommt ganz auf die Zutaten an. So muss Schokolade natürlich schmelzen und z. B. Vanille muss ihr Aroma entfalten, was sie bei Wärme intensiver kann.

Bei der warmen Zubereitung kann man die Komposition der Bindemittel noch verbessern. Und das erreichen wir, neben der Hochzeit von Johannisbrotkernmehl und Guarkernmehl, mit einem weiteren freudigen Ereignis, denn die beiden haben Nachwuchs bekommen, nämlich die zweieiigen Zwillinge Pektin und Lecithin.

Während Lecithin ebenfalls ein kaltlösliches Bindemittel ist, hergestellt aus Soja, ist Pektin, hergestellt aus festen Früchten wie Äpfeln, Möhren oder Zitrusfrüchten, nur warmlöslich. Daher perfektionieren wir unsere Bindemittel bei der warmen Zubereitung mit diesen beiden Zutaten. Dabei bekommen Pektin und Lecithin einen ganzen Anteil Bindemittel aus unseren Rezepten, den sie sich 50:50 teilen.

Steht also in unseren Rezepten 2g JBK, bekommen Johannisbrotkernmehl und Guarkernmehl je 1g und Pektin und Lecithin zusätzlich auch je 1g. Macht also 4g Bindemittel insgesamt.

Auch das ist wieder keine Pflicht bei unseren Rezepten, wem das zu viel Arbeit mit dem Abwiegen ist, nimmt eben nur Johannisbrotkernmehl in der angegebenen Menge.

Wer aber perfektere Ergebnisse erzielen möchte, macht sich die Mühe.

Richtig klug ist es, wenn man die unterschiedlichen Bindemittel auf Vorrat mischt. So mischt man z. B. 50g Johannisbrotkernmehl und 50g Guarkernmehl in einem Behälter und muss bei der Zubereitung der Eismasse nur einmal abwiegen.

Ebenso kann man Johannisbrotkernmehl, Guarkernmehl, Pektin und Lecithin zu gleichen Anteilen auf Vorrat mischen und wiegt bei der Zubereitung auch nur noch einmal ab, verdoppelt aber die im Rezept angegebene Menge. Dieses Gemisch wendet man nur für die warme Zubereitung an.

Vor dem Abwiegen der Mischungen, sollte man diese immer kurz mit dem einem kleinen Löffel durchmischen, ehe man die entsprechende Menge entnimmt, damit man auch eine homogene Mischung der Bestandteile hat.

Bindemittel sollte man übrigens unbedingt mit einer Feinwaage abwiegen, denn zu viel davon kann die Eismasse schnell zum Pudding machen.

Jetzt haben wir schon wieder richtig viel gelernt, damit alles auch verständlich bleibt, wird es Zeit für ein paar neue Spickzettel. Wem nun der Kopf raucht, muss sich keine Sorgen machen. Alle Theorie lernt jeder in der Praxis nach wenigen Versuchen so gut, dass sie beherrscht wird. Versprochen!

SPICKZETTEL

JOHANNISBROTKERNMEHL UND
GUARKERNMEHL HEIRATEN...

BIS JETZT HABEN DIE BEIDEN BEI UNS IN WILDER
EHE GELEBT. JETZT HABEN SIE SICH DAS
JA-WORT GEGEBEN. GEMEINSAM TEILEN SIE SICH
ALLE ANTEILE JBK IN UNSEREN REZEPTEN UND
WIRKEN POSITIV AUF UNSER EIS.

EIS-ABITUR

SPICKZETTEL

JOHANNISBROTKERNMEHL UND
GUARKERNMEHL HABEN ZWILLINGE...

...DIE BEIDEN HEISSEN PEKTIN UND LECITHIN
UND SIND BEI WARMER ZUBEREITUNG VOLL
ERBBERECHTIGT. TEILEN SICH DEN VOLLEN
ANTEIL JBK. ZUSÄTZLICH.

EIS-ABITUR

Inulin

Hinsetzen, Hefte raus, Klassenarbeit!

Was ist Inulin? Da stellen wir uns erst einmal ganz dumm und sagen: Das ist eine mittelgroße Tüte mit einem weißen Pulver drin. Da haben wir schon fast volle Punktzahl. Streber und Neugierige wollen aber mehr wissen und jetzt geht's los:

Inulin ist auf jeden Fall erst einmal ein Ballaststoff und dieser wird aus der Chicorée Wurzel gewonnen.

Inulin ist

100% vegan
glutenfrei und
lactosefrei

Inulin dient im Eis als Füllstoff, um das gewünschte Gleichgewicht zwischen Wasser und Trockenmasse zu erreichen. Im Eis sorgt Inulin für erheblich mehr Cremigkeit, das Eis wird vollmundiger und Inulin verfeinert die Struktur des Eises, weil Inulin Wasser bindet.

Wie verwendet man Inulin?

Man schüttet es mit zur Trockenmasse, also dem Zucker, der Glukose, dem Johannisbrotkernmehl und was immer man so im Rezept findet.
Wer jedoch eine 1 im Zeugnis haben will, sollte nun nur noch wissen, wie man Inulin dosiert und das ist ganz einfach, denn in unseren Rezepten ist Inulin oftmals mit als Zutat dabei, man wiegt es also einfach ab.

Bilanziert man sein eigenes Rezept und möchte Inulin verwenden, darf Inulin etwa 3% bis 5% der gesamten Trockenmasse ausmachen.

Beispiel: Rechnet man das Gewicht der Komponenten der Trockenmasse zusammen und kommt auf z.B 300g, sind 1% davon 3g, 3% sind 9g, 4% sind 12g und 5% sind 15g. In dieser Höhe kann man Inulin einsetzen. Aber das sehen wir uns noch genauer an, wenn wir das Bilanzieren erlernen.

Hier ein Spickzettel zum Inulin:

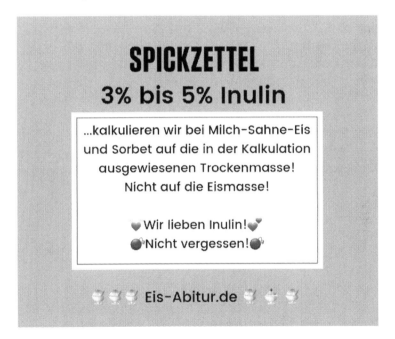

Magermilchpulver

Was ist Milchpulver?

Das ist schnell erklärt: Milchpulver ist getrocknete Milch. Milch besteht zu 87% aus Wasser. In einem entsprechenden Verfahren wird der Milch das sogenannte freie Wasser entzogen. Neben dem freien Wasser besteht die Milch noch aus dem gebundenen oder unfreien Wasser. Wurde das freie Wasser aus der Milch entfernt, bleibt ein Milchpulver übrig, dass nun noch etwa 3% bis 4% Wasser enthält, nämlich den Anteil des gebundenen Wassers in der jeweiligen Sorte Milch.

Um ein Kilogramm Milchpulver herzustellen, benötigt man übrigens etwa 7 Liter Milch. Fügt man dem Milchpulver später wieder Wasser zu, erhält man die sogenannte Trockenmilch. Schmeckt ein bisschen anders als frische Milch und hat weniger Vitamine etc.
Das war schon das komplizierteste am Thema.
Milchpulver kann man aus Vollmilch und aus Magermilch herstellen.

Für die Herstellung von Eis wird in der Regel das Magermilchpulver benutzt. Einmal ist das Magermilchpulver trockener, es bleiben nämlich, wie oben beschrieben, 3% Wasser im Magermilchpulver übrig, während es bei Vollmilchpulver 4% sind. Das ist ein wichtiges Prozent, wenn wir uns gleich ansehen, warum wir Milchpulver überhaupt in unsere Eismasse geben. Darüber hinaus ist Vollmilchpulver weniger lange haltbar. Man muss es also schneller verbrauchen als Magermilchpulver.

Es gibt große Unterschiede bei Magermilchpulver, was die Qualität angeht. Für die Eisherstellung sollte es möglichst fein sein, kaltlöslich, weil nicht alle Eismassen zunächst erhitzt werden und darüber hinaus sollte Magermilchpulver nahezu farblos sein, damit das gewünschte Eis in der Farbgebung nicht beeinträchtigt wird.

Wie wirkt Magermilchpulver im Eis?

Zunächst ist das Magermilchpulver ein Bindemittel und Füllstoff im Eis. Magermilchpulver bindet Wasser in der Eismasse durch den fast 50%igen Laktosegehalt. Laktose ist Milchzucker.
Wie schon aus dem Thema Glukose bekannt ist, senkt Zucker den Gefrierpunkt im Eis und macht es damit cremiger und auch bei tiefen Temperaturen noch portionierbar.

Genau diese Wirkung hat Magermilchpulver anteilig auch, nämlich durch den Laktosegehalt.
Darüber hinaus macht Magermilchpulver das Eis vollmundiger und verbessert die Struktur. Diese Eigenschaften kennen wir auch vom Inulin, dass ja ebenfalls ein Füllstoff und Bindemittel ist. Nur eben auf pflanzlicher Basis.

Füllstoffe gleichen die Bilanz der Eismasse zwischen den flüssigen und trockenen Bestandteilen aus. Die optimale Eismasse besteht zu 35% - 39% aus Trockenmasse.

Wie dosiert man Magermilchpulver?

Da wir nun wissen, dass Milchpulver durch den Laktosegehalt Wasser im Eis bindet, sollte der Anteil von Magermilchpulver im Trockenmasseanteil der Eismasse nicht höher als 11,5% sein.

Bei einer Eismasse von 1.000g kalkulieren wir bis zu 30g Magermilchpulver.

Das kann man sich leicht merken, aber einen Spickzettel können wir trotzdem gebrauchen und danach kommen wir schon zum letzten Teil der Theorie, ehe die leckere Praxis beginnt. Dabei handelt es sich um unsere geheime Geheimzutat, die unserem Eis den letzten Schliff in der Tiefkühle gibt.

SPICKZETTEL

Magermilchpulver

...kalkulieren wir bei Milch-Sahne-Eis bis zu 3% auf die Eismssse also bis 30g auf 1.000g Eismasse. Magermilchpulver bindet Wasser, verbessert die Struktur im Eis und macht es cremiger.

Eis-Abitur.de

Glycerin

Glycerin, auch Glycerol genannt.

Im ersten Moment bekommt man einen Anfall, Glycerin im Speiseeis, was soll das denn? Das hört sich ja nun wirklich extrem chemisch und gefährlich an.

Blicken wir etwas hinter die Kulissen:

Glycerin ist ein Zuckeralkohol. Man wird aber nicht betrunken von Glycerin, denn es handelt sich nicht um die Sorte Alkohol, die in die Leber geht und in die Blutbahn. Der Stoff Glycerin gehört nur zur chemischen Gruppe der Alkohole.

Glycerin wird in vielen Bereichen verwendet, so auch für Lebensmittel. Hier ist rein pflanzliches, 99%iges Glycerin im Einsatz, auch als E422 bekannt. Ähnlich wie Trockenglukose und Dextrose wird Glycerin durch Spaltung hergestellt, hier werden pflanzliche Fette gespalten. So entsteht eine durchsichtige, süßliche, leicht bittere, zähflüssige Substanz.

Verwendet wird Glycerin E422 in Speiseeis, Backwaren, Desserts, Pralinen und Milchprodukten.
Bei der Eisherstellung nutzen manche Quellen Glycerin zwischen 0,2g bis 30g pro 1000g Eismasse.

Wir haben zunächst 5g Glycerin auf 1000g Eismasse verwendet. Das Ergebnis war verblüffend. Glycerin bindet Wasser und hat einen Gefrierpunkt von -18°C. Das Experiment hat gezeigt, dass das Eis bei dieser Temperatur noch sehr gut portionierbar war, selbst bei -20°C noch, erst bei knapp -22°C wurde es schwierig.
Das Eis bildet auch nach mehreren Tagen keine Wasserkristalle, die Konsistenz bleibt hervorragend.

Wir haben nach vielen Versuchen festgestellt, dass die Portionierbarkeit und die Konsistenz noch besser wird, wenn man 20g Glycerin auf 1.000g Eismasse nimmt. Wir fügen das Glycerin in die Eismaschine, wenn das Eis beginnt fest zu werden.

Glycerin in Lebensmittelqualität, darauf muss man beim Einkauf achten, dass es Lebensmittelqualität hat, unterliegt keiner Höchstmengenbeschränkung und gilt als unbedenklich.

In der Low Carb Eismasse hält es das Eis in der Tiefkühle portionierbar, hier muss man Glycerin in höherer Menge anwenden und bilanziert Glycerin am besten mit.

Die Verwendung von Glycerin ist in fast allen Rezepten keine Pflicht, also kein Bestandteil der Rezepturen. Ausnahmen bilden die herzhaften Rezepte, da ist Glycerin manchmal Bestandteil der Rezeptur.

Bei der Beschaffung muss man darauf achten, dass das Glycerin für Lebensmittel geeignet ist. Am besten nimmt man Glycerin mit einer Reinheit in Höhe von 99% und mehr.

Soweit die ganze Theorie der Trockenmasse, die wir benötigen. Jetzt wird es fast schon lecker. Ein paar Schritte zur Eislust fehlen uns noch.

SPICKZETTEL

GLYCERIN IM EIS

FÜR ALLE EISSORTEN OHNE ALKOHOL IST GLYCERIN DER PERFEKTE GEFRIERHEMMER. GLYCERIN BINDET WASSER, MACHT DAS EIS AUCH BEI TIEFEN TEMPERATUREN PERFEKT PORTIONIERBAR OHNE WASSERKRISTALLE.

20G AUF 1.000G EISMASSE ZUR HÄLFTE DER ZEIT IN DER EISMASCHINE UND DAS EIS IST AUS DER TIEFKÜHLE EINE WUCHT.

EIS-ABITUR

Input = Output

Am Ende zählt bei unserem Eis natürlich immer, neben der Portionierbarkeit, der Geschmack. Ein Eis kann nur so gut schmecken, wie die Qualität der Zutaten, die wir zur Herstellung einsetzen und ein Eis, das nicht schmeckt, wollen wir auch nicht portionieren.

Die Zutaten der Trockenmasse und deren Qualität die wir benötigen haben wir besprochen, jetzt geht es um die Geschmacksträger.

Obst kann sehr gut aussehen, wie gemalt, doch das interessiert das Eis nicht, denn Eis will schmecken. Sehen die Erdbeeren perfekt aus, heißt das noch lange nicht, dass sie auch wie Erdbeeren schmecken. Sehen die Erdbeeren von außen toll aus und schmecken von innen nach Wasser, wird das Eis am Ende leider nicht toll aussehen und auch nur nach Wasser schmecken.

Es gilt, wie immer bei allen Leckereien:

Input = Output!

Je intensiver die Zutaten schmecken, desto intensiver wird das Eis schmecken. Eine Gleichung mit Bekannten ist daher für das Eis besser, als eine Gleichung mit Unbekannten. So gilt: Probieren geht über studieren.

Je reifer die Früchte sind, desto besser schmecken sie. Manchmal sehen sie dann nicht mehr so richtig toll aus, das stört uns aber beim Eis nicht, weil wir eh alles mixen, uns interessiert nur der Geschmack. Früchte müssen also richtig reif, fast überreif sein, dann sind sie perfekt für unser Eis. Eine Banane schmeckt so richtig nach Banane, nicht wenn sie toll aussieht, sondern wenn sie so richtig reif ist und auf der Schale schon braune oder gar schwarze Flecken hat. Natürlich darf die Frucht nicht schimmeln oder verdorben sein, aber je reifer sie ist, desto besser wird das Eis.

Auch bei Nüssen, Schokolade oder z. B. Vanille, ist die Qualität entscheidend. Hier wird es vielleicht etwas teurer, aber der Einsatz wird sich lohnen. Und schon haben wir einen neuen Spickzettel:

SPICKZETTEL
Input = Output

Je hochwertiger die Zutaten, desto besser schmeckt unser Eis. Sehr reife Früchte verwenden, gute Schokolade mit hohem Kakao-Anteil, aromareiche Nüsse, Vanille etc.

Eis schmeckt nur so gut wie seine Zutaten.

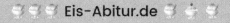 Eis-Abitur.de

Die Tiefkühlung

Ehe es so richtig losgeht, müssen wir noch ein weiteres wichtiges Detail zum Erfolg überprüfen. Es nützen alle guten Zutaten und die beste Eisbilanz nichts, wenn am Ende die Lagerung in der Tiefkühle einen Fehler hat. Ziel ist es, dass unser Eis bei bis zu -18°C portioniert werden kann. Nutzen wir alle Zutaten im richtigen Verhältnis, schaffen unsere Rezepte das auch. Mit unserer geheimen Geheimzutat, dem Glycerin, sogar noch etwas darüber hinaus. Aber irgendwann siegt die Physik, irgendwann friert Wasser eben doch, trotz aller Gefrierhemmung und aller Tricks. Schuld daran ist die Tiefkühle, die eben einfach zu viel kühlt. Oft rackern Tiefkühlen so richtig durch und stören sich nicht daran, wie das Thermostat eingestellt ist oder was es anzeigt. Da hilft nur eins: Fieber messen!

Dazu reicht ein einfaches Außenthermometer für wenige Cent. Dieses legen wir eine gute Stunde in die Tiefkühle und sehen, was es uns erzählt. Fällt man jetzt vom Hocker, weil wir so, statt bis zu -18°C, plötzlich -20°C oder tiefere Temperaturen erkennen, müssen wir versuchen die Temperatur zu regulieren.

Dazu stellen wir das Thermostat niedriger, sofern das geht. Manchmal, bei älteren Geräten, die noch einen Haufen Eis im Inneren bilden, hilft das Abtauen oft Wunder. Dann funktioniert sogar das Thermostat wieder. So hat man am Ende nicht nur die richtige Temperatur für sein Eis, man spart auch noch Strom. Von dem gesparten Geld, kauft man sich am besten feine Zutaten für das Eis.

So, das war es jetzt mit der Theorie. Ab sofort wird es lecker! Wir produzieren Eis! Wirklich? Nein, ein Aspekt fehlt leider noch, das ist aber wirklich der letzte! Versprochen!

Die Eismaschine

Tja, darüber haben wir noch gar nicht gesprochen. Wir brauchen ja nicht nur lauter Zutaten, wir brauchen auch eine Eismaschine, die aus unseren wertvollen Zutaten leckeres Eis macht. Eine gute Nachricht: Das können eigentlich alle Eismaschinen die es so auf dem Markt gibt. Egal, ob mit oder ohne Kompressor. Alle Eismaschinen, die kalt genug werden, können Eis herstellen. Egal ob günstig oder teuer. Wir holen mit unseren Bilanzen auf jeden Fall das Beste aus den Eismaschinen heraus. Allerdings gibt es, wie immer im Leben, Unterschiede. Eine Eismaschine ohne Kühlkompressor, bei der man den Topf einfrieren muss, kann in der Regel nur ein Eis herstellen, für die nächste Produktion muss man sie vorher wieder einfrieren. Das kann eine Maschine mit Kompressor besser. Diese kostet aber oft auch mehr und manchmal auch so richtig mehr. Es kommt also immer auf die eigenen Bedürfnisse und Möglichkeiten an. Je mehr einem die Eislust befällt, desto mehr wird man irgendwann von seiner Eismaschine verlangen. Wer klein anfängt, wundert sich schnell, dass sein Hobby plötzlich größere Wünsche weckt. Das ist wie beim Auto. Man fängt mit einem Kleinwagen an, freut sich wie Bolle, dass man von A nach B kommt und definiert doch das Wort Auto irgendwann, für immer, völlig anders. Da hat nun jeder die Qual der Wahl. Wer sich bereits entschieden hat, wird ganz gewiss auch glücklich mit den Ergebnissen und wenn man später nachrüsten möchte, ist das auch kein Problem. Wer sich noch unsicher ist, dem sei geraten, dass die höhere Investition in der Regel auch die besseren Ergebnisse liefert.

Eines gilt aber für alle Eismaschinen, egal ob mit oder ohne Kompressor: Auf die optimale Füllmenge kommt es an. Das ist wirklich wichtig für das Ergebnis. Die meisten Eismaschinen für den Hausgebrauch geben ihr maximales Fassungsvermögen in Milliliter an. Also 500ml, 800ml, 1.000ml oder gar 2.500ml. Sehr hochwertige Eismaschinen geben das Fassungsvermögen in Gramm an, also wieviel darf die einzufüllende Eismasse wiegen. Das ist durchaus ein Unterschied, denn jede Eismaschine schlägt Luft in unsere Eismasse, eine weitere wichtige Zutat, über die wir noch nicht gesprochen haben. Ein Eis ohne Luft schmeckt nicht, obwohl man ja angeblich nur Berliner Luft schmecken kann. Da werden wohl alle Ost- und Nordfriesen sofort ein Veto einlegen und alle Luftkurorte sowieso. Doch was soll uns das sagen? Ganz einfach: Die Luft, die alle Eismaschinen in unser Eis schlagen, erhöht das Volumen unserer Eismasse, das Eis wird mehr. Nutzen wir also eine Eismaschine mit einem Fassungsvermögen von z. B. 1.000ml und füllen wir diese mit 1.000ml Eismasse, wird sie am Ende überlaufen. Das gibt eine riesige Schweinerei.

Daher gilt: Man füllt alle Eismaschinen, die ihr Fassungsvermögen in Milliliter angeben, immer mindestens zu 50% und höchstens zu 2/3 des Fassungsvermögens. Je weniger man einfüllt, desto schneller sorgt die Leistung der Eismaschine dafür, dass aus unserer Eismasse Eis wird. Doch jetzt wird es kompliziert: Füllt man zu wenig Eismasse ein, friert das Eis zu schnell, es wird nicht genug Luft in das Eis geschlagen, denn was macht die Luft? Sie macht unser Eis, na ja, auf jeden Fall luftiger, fluffiger, cremiger und geschmackvoller. Zu wenig Luft schadet also unserem Eis. Wer nun denkt: Dann schlage ich das Eis eben sauber durch, der irrt, denn die Eismasse nimmt nur bis zu etwa -4°C überhaupt Luft auf. Wird die Eismasse kälter, und das ist Sinn der Übung einer Eismaschine, die eine Endtemperatur von mindestens -7°C und tiefer erreichen soll, schlägt die Eismaschine ab -4°C nicht mehr Luft in die Eismasse, sondern schlägt sie wieder heraus. Daher ist das längere Schlagen der Eismasse bis zur richtigen Temperatur nicht eben klug. Dumm gelaufen, im wahrsten Sinne des Wortes, denn je länger die Eismaschine jetzt läuft, bis sie die richtige Temperatur unserer Eismasse erreicht hat, desto mehr Luft schlägt sie aus der Eismasse wieder heraus und desto schlechter wird die Konsistenz. Daher müssen wir die Leistung unserer Eismaschine, also die Kühlleistung, mit der Füllmenge vereinbaren um die besten Ergebnisse zu erzielen.

Das muss man einfach ausprobieren, es gilt aber die Faustregel: Man fülle die Eismaschine zwischen 50% bis zu 2/3 der angegebenen Füllmenge in Milliliter.

Hochwertige Eismaschinen für den Hausgebrauch, oder kleinere Gastronomie, geben ihre Füllmenge in Gramm an. Das macht aber nicht viel Unterschied, denn auch hier muss man die optimale Füllmenge selbst ermitteln. Ich nutze die Cube 750, so heißt mein Schätzchen, und es kann 750g Eismasse verarbeiten. Das ist die maximale Füllmenge, ich habe aber für mich festgestellt, dass meine Maschine mit einer maximalen Füllmenge von 700g die besten Ergebnisse liefert. Dann ist das Ergebnis für mich schnell genug, kalt genug und hat ausreichen Luft in der Eismasse.

Einen Tipp habe ich noch, was die optimale Füllmenge angeht: So richtig fertig ist das Eis in der Eismaschine, wenn die Eismasse nicht mehr glänzt, sondern matt ist. Das ist ein guter Zeitpunkt, die Kühlvorgang abzubrechen und das Eis entweder sofort zu genießen, oder zu verpacken und einzufrieren.

Doch nun wird es Zeit für die Praxis! Das erste Eis muss her! Dennoch ist alle Theorie bis hier hin wichtiger, informativer und vor allem erfolgreicher als jeder Misserfolg, den man ohne diese Grundkenntnisse ohne jeden Zweifel erzielen würde. Beim Eis-Abitur wollen wir schließlich keinen Eisfrust, wir wollen Eislust. Und wem jetzt der Kopf qualmt vor lauter Theorie, keine Bange, ab sofort wird endlich probiert und dabei wird gleichzeitig studiert. Merkt man gar nicht! Versprochen!

Jetzt kommt unser erstes Eis!

Alle folgenden Rezepte, und eines ist leckerer als das andere, das ist auch versprochen, schafft nicht nur -18°C in der Tiefkühle, sind kalkuliert in Gramm, nicht in Milliliter. Das macht aber nichts, wenn Eure Eismaschine als Höchstmenge Liter ausweist, das setzen wir einfach gleich, wir wollen ja nicht kleinlich sein wenn man beim Abwiegen der Zutaten mal etwas drüber liegt, wird das Ergebnis schon stimmen, wie stellen ja schließlich keine Atombomben her, sondern zum Glück allerhöchstens nur Eisbomben! Da passt das schon!

Zitronen Mascarpone Eis

	Zutaten	Menge	g	Wunschmenge
1	Sahne, 30% Fett	72,50	g	121,42
2	Mascarpone	70,00	g	117,23
3	Dextrose	35,50	g	59,45
4	Zucker, weiß	17,00	g	28,47
5	Trockenglukose	48,00	g	80,39
6	Magermilchpulver	17,91	g	29,99
7	Vollmilch	260,00	g	435,43
8	JBK	1,20	g	2,00
9	Zitronensaft	75,00	g	125,61
	Gesamt	**597,11**	**g**	**1000,00 g**

Kalte und warme Zubereitung möglich

Das ist unser erstes Rezept. Es ist sehr lecker, frisch, fruchtig und sehr cremig. In der Vorstellung der Rezepte gehen wir in diesem Klassenbuch Eis-Abitur von einer Wunschmenge in Höhe von 1.000g Eismasse aus. Die Spalte „Menge" ist die Kalkulationsspalte, so wurde das Rezept kalkuliert. Wer nun 1.000g Eismasse herstellen möchte, nimmt die Mengen der Zutaten aus der Spalte „Wunschmenge".

Es gibt eine Datei mit allen unseren Rezepten zum kostenlosen Download auf **www.Eis-Abitur.de**, in dieser Datei kann man die kompletten Bilanzen sehen und auch die zu produzierende Wunschmenge beliebig ändern.

Nun wird es ernst, es geht los. Zunächst müssen wir uns entscheiden, wie wir dieses Eis herstellen wollen, also ob die Zubereitung warm oder kalt erfolgen soll. Es funktioniert beides. Wer schneller sein erstes Eis servieren möchte, wählt die kalte Zubereitung. Wer sich Zeit lässt und alles ganz perfekt haben möchte, wählt die warme Zubereitung.

Die kalte und die warme Zubereitung funktioniert bei allen Rezepten gleich. Wir unterscheiden nur zwischen Rezepten mit Ei und ohne. Rezepte mit Ei müssen immer warm zubereitet werden und haben eine eigene Art der Zubereitung, die ein eigenes Kapitel hat. Wir werden also zunächst Eis ohne Ei zubereiten. Welche Zubereitung möglich ist, ob warm oder kalt, wird immer angegeben, so wie hier unter dem Rezept auch.

Und schon bekommen wir zwei neue Spickzettel, die uns erklären, wie die kalte und warme Zubereitung funktioniert.

Tipp:

Einfach die Spickzettel mit dem Handy fotografieren und ausdrucken. So kann man immer alle Spickzettel die man benötigt mit an die Eismaschine nehmen. Am Ende des Klassenbuches werden alle Spickzettel noch einmal aufgeführt, man muss sie also nicht mühselig zusammensuchen.

SPICKZETTEL

Eis warm zubereiten

ALLE ZUTATEN DER
TROCKENMASSE VERRÜHREN.

ZU DEN FLÜSSIGEN ZUTATEN
GEBEN.

UNTER RÜHREN ERHITZEN
ABER NICHT KOCHEN.

AUFMIXEN ABKÜHLEN LASSEN
UND ÜBER NACHT IN DEN
KÜHLSCHRANK STELLEN.

AUFMIXEN UND IN DIE
EISMASCHINE GEBEN.

GEEIGNET FÜR ALLE
EISSORTEN, DEREN AROMEN
REIFEN MÜSSEN, ETWA BEI
SCHOKOLADE, NÜSSEN
VANILLE ETC.

Eis-Abitur

Und weil wir Mascarpone im Rezept haben, kommt hier gleich der nächste Spickzettel:

Hier muss man einiges beachten, so wird z. B. Käse bei der warmen Zubereitung nicht mit erhitzt, sondern erst nach der Abkühlung der Eismasse zugegeben und der Zitronensaft wird erst am Schluss zugegeben, nämlich erst kurz vor der Eismaschine, wenn die Bindemittel wirken, damit das Milch-Sahne-Gemisch nicht gerinnt. Das gibt Fettflocken im Eis und die schmecken nicht.

Nun geht es aber wirklich los. Egal ob kalte oder warme Zubereitung, zunächst werden alle trockenen Zutaten abgewogen und in eine Schüssel gegeben.

Bei Bedarf die Bindemittel mischen, also bei der kalten Zubereitung Johannisbrotkernmehl und Guarkernmehl, bei der warmen Zubereitung zusätzlich Pektin und Lecithin, so wie auf den Spickzetteln festgehalten.

Nun alle flüssigen Zutaten abwiegen und ebenfalls in die Schüssel geben, außer dem Mascarpone und dem Zitronensaft.

Jetzt alles mit dem Schneebesen oder in der Küchenmaschine vermischen, nur rühren, nicht schlagen.

Bei der warmen Zubereitung die Eismasse unterrühren, auf 85°C erhitzen, danach mixen, aber nicht zu kräftig.

Bei der kalten Zubereitung kurz mixen und nach dem Verrühren den Mascarpone zufügen.

Die warme Eismasse abkühlen lassen und Mascarpone einrühren. In den Kühlschrank stellen, am besten über Nacht. So kann die Eismasse richtig gut reifen und die Aromen können sich entwickeln.

Bei kalter Zubereitung die Eismasse etwa 30Minuten bis eine Stunde im Kühlschrank reifen lassen, damit die Bindemittel wirken können.

Für beide Arten der Zubereitung: Nach dem Kühlschrank den Zitronensaft zugeben, die Eismasse erneut kurz mixen. Am besten in kurzen Intervallen und ab damit in die Eismaschine.

Wer alles perfekt machen möchte, fügt zur Hälfte der Zeit in der Eismaschine, wenn die Eismasse beginnt fest zu werden, 20g Glycerin auf 1.000g Eismasse zu.

Fertig ist das erste leckere Eis, das man in der Tiefkühle bei -18°C prima lagern und direkt aus der Tiefkühle portionieren kann. Woran erkennt man, dass das Eis in der Eismaschine fertig ist? Das Eis in der Eismaschine ist fertig, wenn die Eismasse nicht mehr glänzt, sondern matt ist!

Guten Appetit.

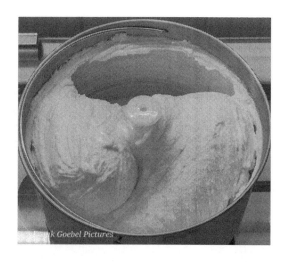

Man kann übrigens auch etwas geriebene Zitronenschale mit dem Zitronensaft der Eismasse zufügen, das sorgt für noch mehr Frische im Eis und etwas Biss.

Pasteurisieren

Kalte oder warme Zubereitung, das ist hier die Frage. Nach dem ersten Praxistest ist an dieser Stelle noch etwas Theorie nötig, denn bei der warmen Zubereitung geht es nicht nur um das Schmelzen der Zutaten, es geht auch um das Pasteurisieren der Zutaten, um das Abtöten von Mikroorganismen in der Eismasse. Besonders bei der gewerblichen Herstellung von Speiseeis ist die Pasteurisierung der Eismasse wichtig, sogar gesetzlich vorgeschrieben. Private Haushalte wie wir, sind an diese Vorschriften natürlich nicht gebunden, wir können auch zu einem großen Teil bereits pasteurisierte Produkte wie Milch, Sahne, Joghurt, Quark und Käse verwenden. Das schließt schon einmal viele Mikroorganismen in unserer Eismasse aus. Dennoch kann es Fehlerquellen geben, wie verunreinigte Küchengeräte, nicht ganz saubere Fingerchen beim heimlichen Probieren und viele andere Dinge mehr. Wir sollten daher immer sauber arbeiten und immer frische und einwandfreie Zutaten nehmen, damit wir auch immer eine saubere Eismasse haben. Wer also auf Nummer sicher gehen will, wählt grundsätzlich die warme Zubereitung und pasteurisiert alle Eismassen. In diesem Klassenbuch bleiben wir jedoch bei beiden Formen der Zubereitung, weil wir davon ausgehen, dass wir immer und zu jeder Zeit vollkommen sauber und frisch sind.

Das Pasteurisieren ist oft das Geheimnis der Profis aus Eisdielen oder von größeren Fabrikanten. Es gibt Profis, die erkennen am Geschmack des fertigen Eises, ob, wie und vor allem wie lange es pasteurisiert wurde. Denn hier gibt es Unterschiede, es gibt die Langzeit- und darüber hinaus die Kurzzeitpasteurisierung.

Bei Kurzzeitpasteurisierung wird die Eismasse für 16 Sekunden auf einer Temperatur von 85°C gehalten und schnell wieder abgekühlt. Das entspricht unserer Standardempfehlung zur warmen Zubereitung.

Alternativ kann man die Pasteurisierung für 40 Sekunden bei 80°C vornehmen.

Weniger schnell funktioniert die Pasteurisierung bei 72°C, diese benötigt schon 15 Minuten.

Langzeit pasteurisiert man bei 60°C, nämlich 30 Minuten und richtige Eis-Feinschmecker halten die Temperatur 32 Minuten und lassen nichts anderes in ihre Eismaschinen.

Nun habt Ihr die Qual der Wahl. Wer von unserem Standard abweichen möchte darf das selbstverständlich, auch wenn in den Rezeptbeschreibungen z. B. Früchte erst kurz vor der Eismaschine mit etwas Zitronensaft püriert zugegeben werden, oder wir Joghurt, Quark und z. B. Käse erst nach dem Erhitzen zugeben, um deren Konsistenz und Beschaffenheit zu schonen, oder wir die Farben von Früchten erhalten wollen. Wer will, pasteurisiert alles mit.

Das Pasteurisieren verstärkt bei vielen Zutaten deren Intensität. Vanille z. B. wird beim Erwärmen sehr viel geschmackvoller im Eis, auch Zimt, Ingwer und alle anderen Gewürze. Auch Früchte wie Bananen können im Geschmack zulegen bei der warmen Zubereitung, der Pasteurisierung. Man kann also mit der Pasteurisierung der Eismasse die Intensivität der Geschmacksträger steuern und muss diese ggf. in der Dosierung verringern, wenn z. B. ein Erdbeereis als Zutat Vanille und Ingwer beinhaltet, diese Geschmacksträger aber dezent bleiben und die Erdbeeren nicht erschlagen sollen.

Alles klar? Dann geht es jetzt lecker weiter!

Schokoladen Eis

	Zutaten	Menge	g	Wunschmenge
1	Edelbitter-Schokolade 70%	53,00	g	79,32
2	Kakao	13,25	g	19,83
3	Vollmilch	420,00	g	628,57
4	Sahne, 30% Fett	62,50	g	93,54
5	Zucker, braun	3,00	g	4,49
6	Trockenglukose	50,00	g	74,83
7	Dextrose	40,00	g	59,86
8	Magermilchpulver	20,00	g	29,93
9	JBK	1,34	g	2,00
10	Inulin	5,00	g	7,48
11	Salz	0,10	g	0,15
	Gesamt	**668,19**	**g**	**1000,00 g**

Warme Zubereitung

Dieses Schokoladen Eis ist der Hammer. Wenn man zwei wichtige Regeln beachtet:

Input = Output!

Das kennen wir schon und gilt für alle Rezepte, denn je höher die Qualität der Zutaten ist, desto besser wird das Ergebnis. Das gilt natürlich im Besonderen für die Qualität der Geschmacksträger, hier der Schokolade und dem Kakao. Es macht einen enormen Unterschied aus, einfache Schokolade zu nehmen oder eine hochwertige Schokolade mit einem hohen Kakaoanteil. Als Tipp für die Schokolade ist Kuvertüre von Callebaut zu benennen oder eine Edelbitter Schokolade mit 70% Kakaoanteil.

Für die Zutat Kakao, sollte man auch einen hochwertigen Backkakao nutzen.

Die zweite Regel ist ein besonderer Trick: Backkakao erhitzt man in etwas Milch aus dem Rezept kurz auf 92°C. Erst dann entfaltet der Kakao sein volles Aroma. Es gibt auch Fachleute, die empfehlen die Schokolade oder Kuvertüre immer auf 92°C zu erhitzen, damit diese ihr volles Aroma entfalten. Das soll bei uns aber eine Kann-Regel bleiben. Kann man machen, muss man aber nicht. Wer wirklich hochwertige Schokolade oder Kuvertüre benutzt, hat hier ja vom Hersteller vorarbeiten lassen. Wir erhitzen ja auch nicht die Tafel Schokolade vor dem Verspeisen, die schmeckt ohne diesen Vorgang viel besser und sieht auch hübscher aus. Es bleibt also dabei, dass wir nur den Backkakao für ein paar Sekunden auf 92°C erhitzen.

Die Zubereitung erfolgt also nach dem Spickzettel für die warme Zubereitung, mit der Besonderheit, dass man etwa die Hälfte der Milch aus dem Rezept mit dem Kakao zunächst auf 92°C erhitzt, ehe man alle Zutaten mischt und alles auf 85°C erhitzt.

So wird Schokoladeneis zu einem Erlebnis.

Das ist das erste Rezept mit Inulin. Weiter enthält das Rezept braunen Zucker. Auch wenn die Menge gering ist, sie trägt ihren Anteil zum Geschmackserlebnis bei, während das Inulin seinen Anteil zur Konsistenz leistet.

Nicht vergessen, falls gewünscht, zur Hälfte der Zeit in der Eismaschine 20g Glycerin auf 1.000g Eismasse zufügen.

Viel Erfolg und guten Appetit!

Rezepte, Rezepte...

Von nun an geht es Schlag auf Schlag! Ein leckeres Rezept folgt dem nächsten. Eure Eismaschine wird nicht mehr zur Ruhe kommen, das ist garantiert. Nehmt Euch die Spickzettel zur warmen oder kalten Zubereitung mit an die Maschine, auch die Spickzettel für Zubereitung für Rezepte mit Kakao oder Glycerin oder was immer Ihr nicht vergessen wollt. Der Einsatz von Glycerin zur Hälfte der Zeit in der Eismaschine ist freiwillig, wird aber empfohlen. Das gilt für alle Rezepte, es sei denn, der Einsatz ist unbedingt notwendig, das steht dann bei den Rezepten dabei.

Erdbeer Eis

	Zutaten	Menge	g	Wunschmenge
1	Vollmilch	115,00	g	190,38
2	Sahne, 30% Fett	150,00	g	248,32
3	Zucker, weiß	16,50	g	27,32
4	Trockenglukose	44,90	g	74,33
5	Magermilchpulver	17,10	g	28,31
6	Inulin	8,00	g	13,24
7	Salz	0,10	g	0,17
8	JBK	1,21	g	2,00
9	Erdbeeren	210,00	g	347,65
10	Zitronensaft	5,00	g	8,28
11	Dextrose	36,25	g	60,01
	Gesamt	**604,06**	g	**1000,00 g**

Kalte oder warme Zubereitung

Die Eismasse wird ohne die Erdbeeren und den Zitronensaft hergestellt. Die Erdbeeren püriert man kurz vor der Eismaschine mit dem Zitronensaft, wobei man etwas weniger oder mehr Zitronensaft verwenden kann, je nach Geschmack. Durch den Zitronensaft behalten die Erdbeeren ihre Farbe. Nach dem Pürieren gleich zur Eismasse in die Eismaschine geben und die Maschine starten. Auf Wunsch Glycerin zur Hälfte der Zeit in der Eismaschine zufügen.

Tipp: Etwas Vanille und bzw. oder etwas Ingwer zufügen. Das macht das Eis besonders raffiniert.

Wer die warme Zubereitung wählt, also pasteurisiert, ist vorsichtig mit diesen beiden Sonderzutaten, damit sie den Erdbeeren nicht den Rang ablaufen.

Bananen Eis

	Zutaten	Menge	g	Wunschmenge
1	Sahne, 30% Fett	185,00	g	184,26
2	Vollmilch	260,00	g	258,96
3	Zucker, weiß	9,00	g	8,96
4	Trockenglukose	55,00	g	54,78
5	Dextrose	60,00	g	59,76
6	Magermilchpulver	26,00	g	25,90
7	Inulin	5,00	g	4,98
8	JBK	2,01	g	2,00
9	Bananen	402,00	g	400,39
	Gesamt	**1004,01**	**g**	**1000,00 g**

Kalte oder warme Zubereitung.

Sehr reife Bananen verwenden, sie können ruhig schon dunkle Stellen auf der Schale haben, aber nicht auf der Frucht. Bananen mit etwas Zitronensaft pürieren und erst nach dem Reifen in die Eismasse geben, mixen und ab damit in die Eismaschine, damit die Bananen nicht oxidieren und das Eis eine schöne Farbe erhält.

Snickers Eis

	Zutaten	Menge	g	Wunschmenge
1	Vollmilch	591,00	g	599,90
2	Sahne, 30% Fett	150,00	g	152,26
3	Zucker, weiß	10,00	g	10,15
4	Trockenglukose	44,00	g	44,66
5	Magermilchpulver	29,00	g	29,44
6	Kakao	0,00	g	0,00
7	Snickers	100,00	g	101,51
8	JBK	1,97	g	2,00
9	Dextrose	59,20	g	60,09
	Gesamt	**985,17**	**g**	**1000,00 g**

Warme Zubereitung

Ein weiteres Highlight. Sehr lecker. Trockene Zutaten mischen, zu den flüssigen geben, Snickers zerkleinern und alles unter Rühren auf 85°C erhitzen. Mixen, abkühlen und reifen lassen, erneut mixen und ab damit in die Eismaschine. Zur Hälfte der Zeit in der Eismaschine 20g Glycerin auf 1.000g Eismasse zufügen wird empfohlen.

After Eight Eis

	Zutaten	Menge	g	Wunschmenge
1	Vollmilch	550,00	g	574,16
2	Sahne, 30% Fett	150,00	g	156,59
3	Zucker, weiß	15,00	g	15,66
4	Trockenglukose	55,00	g	57,42
5	Magermilchpulver	28,00	g	29,23
6	Inulin	0,00	g	0,00
7	JBK	1,92	g	2,00
8	After Eight	100,00	g	104,39
9	Dextrose	58,00	g	60,55
	Gesamt	**957,92**	**g**	**1000,00 g**

Warme Zubereitung

Trockene Zutaten mischen, zu den flüssigen geben, After Eight eventuell zerkleinern und alles unter Rühren auf 85°C erhitzen. Mixen, abkühlen und reifen lassen, erneut mixen und ab damit in die Eismaschine. Zur Hälfte der Zeit in der Eismaschine 20g Glycerin auf 1.000g Eismasse zufügen, wird empfohlen.

Vanille Eis

	Zutaten	Menge	g	Wunschmenge
1	Vollmilch	500,00	g	563,14
2	Sahne, 30% Fett	200,00	g	225,26
3	Wasser	0,00	g	0,00
4	Zucker, weiß	34,00	g	38,29
5	Wasser	0,00	g	0,00
6	Magermilchpulver	26,00	g	29,28
7	Dextrose	53,10	g	59,81
8	Trockenglukose	60,00	g	67,58
9	JBK	1,78	g	2,00
10	Vanilleschote	5,00	g	5,63
11	Inulin	8,00	g	9,01
	Gesamt	**887,88**	**g**	**1000,00 g**

Warme Zubereitung

Dieses Vanille Eis Rezept ist ohne Ei, es gibt auch eines mit Ei, in einem gesonderten Kapitel für Eisrezepte mit Ei. Beide Sorten sind fantastisch. Beachten muss man hier den Spickzettel Input = Output. Je besser die Vanille ist, desto besser wird das Ergebnis. Die Vanilleschote wird längs aufgeschnitten, mit einem kleinen Löffel kratzt man das Mark heraus und gibt das Mark und die Schote bei der Zubereitung mit in die Eismasse zum Erwärmen. Nach dem Erwärmen entnimmt man die Schote und mixt die Eismasse, fügt die Schote wieder zu und lässt das Eis abkühlen und reifen. Der kalten Eismasse entnimmt man die Vanilleschote wieder, mixt die Eismasse noch einmal durch und dann ab damit in die Eismaschine. Wer nicht zu viel Aroma haben möchte, es etwas dezenter mag, lässt die Schote nicht mit der Eismasse reifen. Je länger die Schote in der Eismasse bleibt, desto intensiver wird das Aroma.

Philadelphia Heidelbeeren Eis

	Zutaten	Menge	g	Wunschmenge
1	Vollmilch	160,00	g	221,65
2	Sahne, 30% Fett	100,00	g	138,53
3	Philadelphia	87,50	g	121,22
4	Zucker, weiß	22,00	g	30,48
5	Heidelbeeren	225,00	g	311,70
6	Magermilchpulver	21,00	g	29,09
7	Dextrose	43,40	g	60,12
8	Trockenglukose	50,00	g	69,27
9	JBK	1,45	g	2,00
10	Zitronensaft	5,00	g	6,93
11	Inulin	6,00	g	8,31
12	Salz	0,50	g	0,69
	Gesamt	**721,85**	g	**1000,00 g**

Kalte oder warme Zubereitung

Eine hochsommerliche Erfrischung mit Heidelbeeren, cremig und zart im Schmelz. Die Schulleitung empfiehlt die kalte Zubereitung, die Eismasse wird ohne die Heidelbeeren zubereitet und gut eine Stunde zum Reifen in den Kühlschrank gestellt. Die Heidelbeeren werden mit dem Zitronensaft gemixt und mit der Eismasse in die Eismaschine gegeben.

Wer die warme Zubereitung wählt, fügt den Käse erst nach dem Abkühlen der Eismasse zu. Auf Wunsch an das Glycerin zur Hälfte der Zeit in der Eismaschine denken.

Philadelphia Ananas Eis

	Zutaten	Menge	g	Wunschmenge
1	Vollmilch	200,00	g	243,12
2	Sahne, 30% Fett	125,00	g	151,95
3	Philadelphia	90,00	g	109,40
4	Zucker, weiß	14,00	g	17,02
5	Ananas	250,00	g	303,89
6	Magermilchpulver	24,00	g	29,17
7	Dextrose	49,00	g	59,56
8	Trockenglukose	58,00	g	70,50
9	JBK	1,65	g	2,00
10	Zitronensaft	5,00	g	6,08
11	Inulin	6,00	g	7,29
12	Salz	0,01	g	0,01
	Gesamt	**822,66**	**g**	**1000,00 g**

Kalte oder warme Zubereitung

Die Zubereitung erfolgt wie bekannt. Es gibt jedoch eine Ausnahme bei der frischen Ananas, denn die macht die Milch sauer, wenn man sie vor der Zugabe zur Eismasse nicht kurz erhitzt, blanchiert oder mit heißem Wasser übergießt. Schuld ist ein Enzym, das seine Wirkung verliert, wenn es kurzzeitig erwärmt wird. Man kann natürlich auch Früchte aus der Dose verwenden, diese sind bereits erhitzt und bedürfen keiner weiteren Behandlung. Man muss Früchte aus der Dose aber gut abtropfen lassen, damit sie der Eismasse nicht zu viel Wasser zufügen. Richtig toll sind für dieses Eis aber frische Früchte, schön reif natürlich. Der Aufwand des Schälens der Ananas lohnt sich geschmacklich wirklich sehr.

Mit diesem Eis wird es Zeit für einen weiteren Spickzettel, denn es gibt viele Früchte, die ein solches Enzym beinhalten und die Milch sauer machen. Das führt zu Flocken in der Milch, die im Eis einfach nicht schmecken.

Hier kommt der Spickzettel:

Alle Melonen, die ihre Kerne nicht im Fruchtfleisch verteilen, sondern in der Mitte einen Vorrat an Kernen sammeln, müssen übrigens ebenso behandelt werden. Der entsprechende Spickzettel folgt später.

Pistazien Eis

	Zutaten	Menge	g	Wunschmenge
1	Pistazien, ungesalzen	70,00	g	101,45
2	Sahne, 30% Fett	50,00	g	72,47
3	Vollmilch	450,00	g	652,19
4	Zucker, weiß	21,00	g	30,44
5	Trockenglukose	35,00	g	50,73
6	Dextrose	42,00	g	60,87
7	Magermilchpulver	20,50	g	29,71
8	JBK	1,38	g	2,00
9	Salz	0,10	g	0,14
	Gesamt	**689,98**	g	**1000,00 g**

Warme Zubereitung

Ein feines Rezept, das etwas Fingerspitzengefühl benötigt, was den Geschmack und die Farbe angeht. Ziel ist es, frische Pistazien zu nutzen, die das Eis grün machen und einen intensiven Geschmack liefern. Dazu nehmen wir also frische gehackte Pistazien. Um den Geschmack etwas intensiver zu bekommen, nehmen wir 20g bis 25g von den frischen Pistazien und rösten sie in einer beschichteten Pfanne ohne Fett leicht an. Aber nur ganz leicht, die Pistazien dürfen nicht verbrennen, sonst wird der Geschmack zu intensiv und das Eis wird nicht mehr schön grün. Hinweis: Man muss den Anteil Pistazien nicht rösten, wenn man nicht möchte, der Geschmack könnte dann etwas schwächer bleiben.

Nun alle trockenen Zutaten, ohne die Pistazien, mischen, zu den flüssigen Zutaten geben, und alles unter rühren auch 85°C erhitzen und abkühlen lassen.

Nun die Eismasse im Kühlschrank reifen lassen. Erst jetzt fügen wir die Pistazien hinzu, mixen alles schön auf und ab damit in die Eismaschine. Bei Bedarf 20g Glycerin auf 1.000g Eismasse zur Hälfte der Zeit in der Eismaschine zufügen.

Trick 17: Statt frischer Pistazien kann man auch fertiges Pistazienmus nehmen. Dann erspart man sich auch das Anrösten. Wichtig ist die Qualität der Nüsse bzw. des Nussmuses. Je höher die Qualität, desto besser schmeckt das Eis.

Viel Erfolg!

Schwarzwälder Kirsch Eis

	Zutaten	Menge	g	Wunschmenge
1	Kirschen	190,00	g	302,47
2	Vollmilch	175,00	g	278,59
3	Sahne, 30% Fett	140,00	g	222,87
4	Zucker, weiß	16,00	g	25,47
5	Trockenglukose	35,00	g	55,72
6	Dextrose	37,80	g	60,18
7	Magermilchpulver	19,00	g	30,25
8	Inulin	4,00	g	6,37
9	Vanilleschote	5,00	g	7,96
10	Zitronensaft	5,00	g	7,96
11	JBK	1,26	g	2,00
12	Salz	0,10	g	0,16
	Gesamt	**628,16**	**g**	**1000,00 g**

Kalte oder warme Zubereitung

Am liebsten verwenden wir hier sommerfrische Kirschen, das Gewicht der Früchte versteht sich ohne Kerne. Man kann auch Kirschen aus dem Glas nehmen, die man gut abtropfen lassen muss.

Die Kirschen werden, wenn die Eismasse hergestellt ist, mit dem Zitronensaft püriert und so frisch wie möglich püriert auf die Eismasse gegeben, direkt in die Eismaschine.

Zur Herstellung der Eismasse die trockenen Zutaten mischen, zu den flüssigen Zutaten geben und entweder auf 85°C erwärmen oder kalt zubereiten und nicht erwärmen, mixen und im Kühlschrank reifen lassen, bei der kalten Zubereitung reichen 30 bis 60 Minuten.

Die Zutat Vanille meint das Gewicht der Vanilleschote und ist nur ein Richtwert. Man kann nur das Mark der Vanilleschote verwenden, es reicht auch das Mark einer halben Vanilleschote, wenn man das Aroma nicht so intensiv haben möchte. Besonders bei der warmen Zubereitung kann man die Intensivität der Vanille erhöhen, wenn man die Schoten mit erhitzt und mit reifen lässt. Also ganz nach Geschmack vorgehen.

Zur Hälfte der Zeit in der Eismaschine können wir dieses Eis nun zum Schwarzwälder Kirsch Eis machen, indem wir einen Schuss Kirschwasser zufügen und, bei Bedarf, leckere Schokoraspeln, am besten aus einer Schokolade mit hohem Kakaoanteil.

Man kann das Kirschwasser auch weglassen und nur Schokoraspel zur Hälfte der Zeit in der Eismaschine zufügen oder die Schokoraspel erst beim Anrichten auf das Eis streuen.

Mit Kirschwasser und Schokoraspel schmeckt es aber am besten!

Stracciatella Eis

	Zutaten	Menge	g	Wunschmenge
1	Vollmilch	400,00	g	541,65
2	Sahne, 30% Fett	190,00	g	257,28
3	Zucker, weiß	22,00	g	29,79
4	Trockenglukose	59,00	g	79,89
5	Dextrose	44,00	g	59,58
6	Magermilchpulver	22,00	g	29,79
7	JBK	1,48	g	2,00
8	Salz	0,01	g	0,01
	Gesamt	**738,49**	**g**	**1000,00 g**

Kalte oder warme Zubereitung

Der Klassiker. Ob kalte oder warme Zubereitung kann jeder selbst entscheiden, wie es funktioniert wissen wir jetzt, wer sich nicht sicher ist, benutzt die Spickzettel für die kalte oder warme Zubereitung.

Das Geheimnis ist hier die Schokolade, die man zur Hälfte der Zeit in der Eismaschine zufügt. Wer sich nun wundert, dass ja gar keine Schokolade im Rezept steht, muss wissen, dass alles, was wir zur Hälfte der Zeit in die Eismaschine geben, bilanztechnisch nicht zur Eismasse gehört. Die Auswahl der Schokolade bleibt also jedem selbst überlassen. Auf 1.000g Eismasse gibt man etwa 30g Schokoraspel oder feine Schokoplättchen. Spezialisten fügen flüssige Schokolade tröpfchenweise hinzu, das will aber gelernt sein und funktioniert nicht mit jeder Eismaschine richtig gut.

Cappuccino Eis

	Zutaten	Menge	g	Wunschmenge
1	Vollmilch	400,00	g	497,75
2	Sahne, 30% Fett	190,00	g	236,43
3	Zucker, weiß	26,50	g	32,98
4	Trockenglukose	64,00	g	79,64
5	Dextrose	48,00	g	59,73
6	Magermilchpulver	23,50	g	29,24
7	JBK	1,61	g	2,00
8	Espresso	50,00	g	62,22
9	Salz	0,01	g	0,01
	Gesamt	**803,62**	**g**	**1000,00 g**

Kalte oder warme Zubereitung

Noch ein echter Klassiker ist das Cappuccino Eis. Hergestellt aus gutem Espresso, am besten frisch aufgebrüht aus der Espressomaschine. Je stärker der Espresso, desto stärker das Aroma.

Man kann auch Instant-Espresso nehmen, wenn man keine Espressomaschine hat.

Tipp:

Zu Hälfte der Zeit in der Eismaschine geraspelte Mocca Schokolade zufügen.

Feigen Eis

	Zutaten	Menge	g	Wunschmenge
1	Feigen	330,00	g	295,87
2	Mandelmilch	300,00	g	268,97
3	Sahne, 30% Fett	250,00	g	224,14
4	Trockenglukose	89,50	g	80,24
5	Dextrose	66,50	g	59,62
6	Magermilchpulver	33,00	g	29,59
7	Inulin	12,00	g	10,76
8	JBK	2,24	g	2,00
9	Salz	0,01	g	0,01
10	Zitronensaft	5,00	g	4,48
11	Zucker, weiß	26,00	g	23,31
12	Salz	0,01	g	0,01
13	Zimt	1,11	g	1,00
	Gesamt	**1115,37**	**g**	**1000,00 g**

Kalte oder warme Zubereitung

Die Feigen sollten frisch und gut reif sein. Sie werden nicht mit erhitzt, nur mit Zitronensaft püriert und der abgekühlten Eismasse kurz vor der Eismaschine zugefügt.

Die Zutat Zimt fügt man, ganz nach Geschmack, etwas mehr, etwas weniger oder gar nicht hinzu.

Spickzettel Alkohol

Vor dem nächsten Rezept brauchen wir einen neuen Spickzettel: Alkohol im Eis.

Manche Rezepte enthalten sauber Alkohol und dieser ist ein guter Gefrierhemmer. Wird viel Wein, Gin, Wodka, Champagner oder was auch immer verwendet, mehr als 30g dieser Zutat auf 1.000g Eismasse, kann der Alkohol im Eis die Eismaschine überfordern, das Eis wird nicht fest genug oder es bleibt in der Tiefkühle sehr weich, zu weich. Hier helfen wir uns, indem wir die Zutat mit Alkohol zunächst erhitzen, aufkochen, damit der Alkohol verdunstet und die Gefrierhemmung sinkt. Das Eis schmeckt dann auch nicht mehr so stark nach Alkohol und das Aroma der Zutat bleibt erhalten. Von der im Rezept angegebenen Menge der Zutat erhitzen wir entweder alles oder alles bis auf 30g pro 1.000g Eismasse. Den Rest, den wir nicht erhitzen, fügen wir der Eismasse zur Hälfte der Zeit in der Eismaschine zu.

Wer das Aroma der Zutat mit Alkohol erhöhen möchte, erhitzt die gesamte Menge der Zutat bis der Alkohol verdunstet ist und fügt zur Hälfte der Zeit in der Eismaschine bis zu 30g auf 1.000g Eismasse zusätzlich hinzu.

Wer Kinder hat erhitzt immer allen Alkohol gründlich oder lässt ihn ganz weg.

So nutzen wir die Gefrierhemmung des Alkohols, aber nicht zu sehr, damit das Eis die richtige Konsistenz bekommt und nicht zu weich ist.

Das sollten wir gleichmal testen!

Feigen Portwein Eis

	Zutaten	Menge	g	Wunschmenge
1	Feigen	330,00	g	294,28
2	Vollmilch	220,00	g	196,19
3	Sahne, 30% Fett	250,00	g	222,94
4	Trockenglukose	52,00	g	46,37
5	Dextrose	67,00	g	59,75
6	Magermilchpulver	30,00	g	26,75
7	Inulin	10,00	g	8,92
8	JBK	2,25	g	2,01
9	Zitronensaft	5,00	g	4,46
10	Zucker, weiß	44,00	g	39,24
11	Portwein, rot	110,00	g	98,09
12	Salz	0,01	g	0,01
13	Zimt	1,12	g	1,00
	Gesamt	**1121,38**	**g**	**1000,00 g**

Warme Zubereitung

Hier haben wir die beschwipste Version vom Feigen Eis. Von der angegebenen Menge Portwein erhitzen wir alles bis auf 30g pro 1.000g Eismasse in einem kleinen Topf und lassen den Alkohol verdunsten. Der Portwein kann dabei ruhig aufkochen. Es dauert etwas, bis der Alkohol verdunstet ist. Je früher man das Erhitzen abbricht, desto mehr Alkohol bleibt erhalten. 2 bis 3 Minuten sollten reichen, wer sicher gehen will, kocht den Portwein 5 Minuten ein. Den erhitzten Portwein lassen wir abkühlen und bereiten in der Zwischenzeit die Eismasse vor. Erhitzen wir die Eismasse auf 85°C, fügen wir den abgekochten Portwein hinzu. Zur Hälfte der Zeit in der Eismaschine fügen wir den nicht erhitzten Anteil des Portweins hinzu.

Alternativ haben wir die gesamte Menge Portwein erhitzt und fügen zur Hälfte der Zeit in der Eismaschine zusätzlich bis zu

30g Portwein der Eismasse zu. Das erhöht das Aroma des Portweins im Eis.

Tiramisu Eis

	Zutaten	Menge	g	Wunschmenge
1	Vollmilch	400,00	g	539,17
2	Mascarpone	122,50	g	165,12
3	Espresso	50,00	g	67,40
4	Zucker, weiß	30,00	g	40,44
5	Trockenglukose	42,00	g	56,61
6	Dextrose	44,30	g	59,71
7	Magermilchpulver	22,00	g	29,65
8	JBK	1,49	g	2,00
9	Amaretto	22,50	g	30,33
10	Salz	0,10	g	0,13
11	Inulin	7,00	g	9,44
	Gesamt	**741,89**	**g**	**1000,00 g**

Warme Zubereitung

Tiramisu Eis darf natürlich in keiner Rezeptsammlung fehlen. Und schon haben wir ein weiteres Eis mit Alkohol in der Eismasse, nämlich Amaretto. Wie wir sehen, liegt der Anteil vom Amaretto aber ziemlich genau bei 30g auf 1.000g Eismasse. Erhitzen oder nicht erhitzen, das ist hier die Frage. Nun, das kann man halten wie ein Dachdecker. Wer den Alkoholgeschmack aus seinem Eis heraushaben möchte, erhitzt den Amaretto mit der Eismasse, also nicht extra aufkochen, das lohnt den Aufwand nicht. So hat man das Aroma des Amarettos und weniger Gefrierhemmung. Wer das Aroma des Amarettos erhöhen möchte, fügt der Eismasse zur Hälfte der Zeit in der Eismaschine einen Schuss Amaretto hinzu.

Bei der Zubereitung der Eismasse fällt uns auf, dass wir Mascarpone im Rezept haben. Da fällt uns natürlich gleich unser Käse-Spickzettel ein, der besagt, dass wir den Mascarpone nicht mit erhitzen, sondern der abgekühlten Eismasse zufügen. Alles gut verrühren oder mixen und reifen lassen.

Wer es richtig lecker mag, bekommt noch einen Tipp und eine Zusatzaufgabe:

Tipp:

Beim Reifen der Eismasse 10 bis 20 ganze Kaffeebohnen zur heißen Eismasse geben. Die Kaffeebohnen muss man nach dem Reifen wieder entfernen.

Fleißaufgabe:

10 Löffelbiskuits legen wir in 50g Espresso, etwas Zucker und 25g Amaretto ein. Diesen Zusatz fügen wir dem fertigen Eis zu. Entweder füllen wir eine Schicht Eis in eine Gefrierbox, schichten eine Lage der eingelegten Löffelbiskuits darüber und füllen mit unserem Eis die Gefrierbox auf, oder wir zerbröseln die eingelegten Löffelbiskuits, mischen sie unter das fertige Eis und füllen das Eis dann in die Gefrierbox.

Beim Anrichten wird das Eis, mit oder ohne Zusatz, mit Kakao bestreut. Vielleicht noch mit ein paar Erdbeeren, Sternfrüchte oder Orangenspalten garnieren und fertig ist ein echtes Highlight.

Weißwein Eis

	Zutaten	Menge	g	Wunschmenge
1	Vollmilch	100,00	g	129,43
2	Sahne, 30% Fett	225,00	g	291,22
3	Weißwein	280,00	g	362,41
4	Zitronensaft	4,00	g	5,18
5	Zucker, Weiß	32,00	g	41,42
6	Dextrose	46,00	g	59,54
7	Trockenglukose	54,00	g	69,89
8	Inulin	7,00	g	9,06
9	Magermilchpulver	23,06	g	29,85
10	JBK	1,55	g	2,00
	Gesamt	**772,61**	**g**	**1000,00 g**

Warme Zubereitung

Im Wein liegt bekanntlich die Wahrheit und weil wir mit dem Alkohol gerade so gut vertraut sind, kommt hier eine besondere Herausforderung, das Weißwein Eis. Warum dieses Rezept eine besondere Herausforderung ist? Weil wir mit diesem Rezept etwas mehr über das Bilanzieren lernen wollen.

Wir wissen bereits, dass der Alkohol einer der größten Gefrierhemmer in unserem Eis ist. Darüber hinaus wissen wir, dass Dextrose der größte Gefrierhemmer unter unseren Zuckersorten ist. Schauen wir uns dieses Rezept an, stellen wir fest, dass der Wein den größten Anteil an der Eismasse hat. Gleichzeitig hat die Dextrose ihren vollen Anteil, nämlich etwa 6% der Eismasse, gut 60g auf 1.000g Eismasse. Was sagt uns das? Wir haben enorm viel Gefrierhemmer in diesem Rezept. Warum ist das so? Wir könnten ja, statt so viel Wein weniger nehmen. Dann würde das Eis auch nicht so sehr nach Alkohol schmecken, was manchmal ja stört.

Wir könnten auch weniger oder gar keine Dextrose benutzen, dann hätten wir weniger Gefrierhemmung in der Eismasse. Das hat nur einen Nachteil, uns fehlt Trockenmasse im

Rezept, denn wir wissen ja, dass ein gewisses Verhältnis zwischen Wasser und Trockenmasse in der Eismasse vorhanden sein muss, damit sie richtig bilanziert ist und das Eis eine optimale Konsistenz hat.

Wer gut aufgepasst hat, würde sagen, dann nehmen wir, anstatt der Dextrose mehr Zucker und Trockenglukose. Das ist richtig, hat aber den Nachteil, dass mehr Zucker das Eis erheblich süßer macht und der Anteil Trockenglukose in diesem Rezept fast voll ausgeschöpft ist, nämlich mit gut 7% von 8% die möglich sind. Was für eine Zwickmühle.

Verändern wir die Zusammensetzung der Zuckersorten, wird unser Eis also süßer und das würde den Charakter der Zutat Wein zerstören, die wir möglichst erhalten wollen.

Weiter wissen wir, dass wir möglichst alle unsere Zuckersorten in den Rezepten verwenden sollen, denn jede Zuckersorte trägt ihren Anteil zur richtigen Konsistenz bei. Fehlt uns eine Zuckersorte, macht sich das an der Qualität im Eis bemerkbar.

Was schließen wir daraus? Richtig, wir lassen den Geschmack der Rezeptur so wie er ist und verringern die Gefrierhemmung durch Erhitzen der Zutat Wein. Das erhält uns den guten Geschmack und macht unser Eis fester. Problem gelöst. Durch das Verdunsten des Alkohols wird unser Geschmacksträger Wein sogar noch intensiver, weil der Geschmack des Alkohols das Eis nicht dominiert.

Also stellen wir den kleinen Topf auf unseren Herd und kochen den Wein, bis auf 30g pro 1.000g Eismasse ein paar Minuten ein. So verdunstet der Alkohol, die Gefrierhemmung sinkt und die richtige Süße bleibt erhalten. Die nicht abgekochte Menge Wein fügen wir der abgekühlten Eismasse bei und wenn uns der Geschmack am Ende noch nicht so richtig happy macht, können wir zur Hälfte der Zeit in der Eismaschine noch einen Schuss Wein der Eismasse zufügen.

Top of the Pops!

Da haben wir wieder richtig etwas gelernt auf dem Weg zum Eis-Abitur!

Bier Eis

	Zutaten	Menge	g	Wunschmenge
1	Bier	500,00	g	538,29
2	Sahne, 30% Fett	190,00	g	204,55
3	Zucker, weiß	35,00	g	37,68
4	Trockenglukose	47,00	g	50,60
5	Dextrose	55,50	g	59,75
6	Magermilchpulver	27,50	g	29,61
7	Inulin	12,00	g	12,92
8	JBK	1,86	g	2,00
9	Salz	0,01	g	0,01
10	Maltodextrin	60,00	g	64,59
	Gesamt	**928,87**	**g**	**1000,00 g**

Warme Zubereitung

Ein Bier Eis darf natürlich nicht fehlen. Es wird mit einem Pils Bier zubereitet. Natürlich funktionieren andere Biersorten auch, eventuell muss man eine neue Zutat anlegen und die Zuckerwerte in der Bilanz etwas anpassen. Wie das funktioniert lernen wir noch in diesem Buch.

Bier aufkochen und den Alkohol zum großen Teil verdunsten lassen. Etwas abkühlen lassen, zu den anderen flüssigen und trockenen Zutaten geben, kurz auf 85°C erwärmen, mixen, abkühlen lassen, im Kühlschrank reifen lassen und ab damit in die Eismaschine.

Weißes Schokoladen Eis

	Zutaten	Menge	g	Wunschmenge
1	Schokolade, weiß	163,00	g	120,50
2	Vollmilch	865,00	g	639,46
3	Sahne, 30% Fett	150,00	g	110,89
4	Zucker, weiß	16,50	g	12,20
5	Trockenglukose	31,00	g	22,92
6	Dextrose	81,00	g	59,88
7	Magermilchpulver	37,50	g	27,72
8	Inulin	6,00	g	4,44
9	JBK	2,70	g	2,00
10	Salz	0,00	g	0,00
	Gesamt	**1352,70**	**g**	**1000,00 g**

Warme Zubereitung

Ein richtiger Leckerschmecker, nach all dem Alkohol!

Ihr wisst was zu tun ist und wie die Herstellung funktioniert. Nicht vergessen: Bei allen Rezepten ohne Alkohol fügen wir gerne 20g Glycerin zur Hälfte der Zeit in der Eismaschine zu um das Portionieren aus der Tiefkühle zu optimieren. Wer unsicher ist, nimmt die Spickzettel mit an die Eismaschine.

Eierlikör Eis

	Zutaten	Menge	g	Wunschmenge
1	Eierlikör	360,00	g	231,61
2	Sahne, 30% Fett	355,00	g	228,39
3	Vollmilch	652,00	g	419,47
4	Vanillezucker	9,21	g	5,93
5	Zucker, weiß	40,00	g	25,73
6	Trockenglukose	60,00	g	38,60
7	Dextrose	55,00	g	35,39
8	Magermilchpulver	20,00	g	12,87
9	Inulin	0,00	g	0,00
10	JBK	3,11	g	2,00
11	Salz	0,01	g	0,01
	Gesamt	**1554,33**	**g**	**1000,00 g**

Kalte oder warme Zubereitung

Wer sich nun wundert, dass wir hier ein Eis mit relativ viel Alkohol kalt zubereiten können, hat gut aufgepasst. Ausnahmen bestätigen immer die Regel. Würden wir den Eierlikör erhitzen, könnte es passieren, dass er gerinnt und das ist uns viel zu gefährlich. Bei näherer Betrachtung der Rezeptur stellen wir fest, dass wir zum Ausgleich der Gefrierhemmung des Alkohols, viel weniger Zucker, Dextrose, Trockenglukose und Magermilchpulver verwenden, als sonst.

Das Eierlikör Eis erstellen wir wie folgt:

Alle trockenen Zutaten vermischen und zu den flüssigen Zutaten geben, nur den Eierlikör heben wir uns auf, er wird also zunächst nicht der Eismasse zugefügt.

Wer dieses Eis warm zubereitet, verwendet beim Bindemittel Johannisbrotkernmehl und Guarkernmehl, laut Mengenangabe 50:50, und kann die Bindung der Eismasse erhöhen, durch den Einsatz von Pektin und Lecithin, die sich einen weiteren Anteil JBK aus der Rezeptur teilen. Einfach gesagt nehmen wir statt 2g JBK auf 1.000g Eismasse 4g und wiegen von jedem Bindemittel 1g ab. Die Eismasse nun auf 85°C erhitzen und abkühlen lassen.

Bei der kalten Zubereitung nutzen wir nur Johannisbrotkernmehl und Guarkernmehl zu je 50% der in der Rezeptur angegebenen Menge JBK. Nach dem die kalte Eismasse, wieder ohne den Eierlikör, hergestellt ist, lassen wir sie etwa eine Stunde im Kühlschrank reifen.

Nun kommen die Eismassen, egal ob kalt oder warm zubereitet, ohne den Eierlikör in die Eismaschine. Zur Hälfte der Zeit in der Eismaschine, wenn die Eismasse beginnt fest zu werden, fügen wir den Eierlikör zu und lassen das Eis fertig werden.

Tipp: Mit dem Eierlikör kann man zusätzlich ein paar Schokostreusel z.B. aus feiner Kuvertüre zufügen. So erhält man ein leckeres Eierlikör Stracciatella Eis.

Milch Eis

	Zutaten	Menge	g	Wunschmenge
1	Vollmilch	400,00	g	541,65
2	Sahne, 30% Fett	190,00	g	257,29
3	Zucker, weiß	22,00	g	29,79
4	Trockenglukose	59,00	g	79,89
5	Dextrose	44,00	g	59,58
6	Magermilchpulver	22,00	g	29,79
7	JBK	1,48	g	2,00
	Gesamt	**738,48**	g	**1000,00**

Kalte oder warme Zubereitung

Unser Milcheis schmeckt wie früher, vollmundig und nicht zu süß. Wie wir es zubereiten wissen wir jetzt, im Zweifel helfen die Spickzettel zur kalten oder warmen Zubereitung.

Dieses Eis kann man beim Anrichten wunderbar garnieren mit frischen Früchten der Saison und leckerer Konfitüre, vielleicht sogar selbstgemachter.

Fior di Latte

	Zutaten	Menge	g	Wunschmenge
1	Mascarpone	104,00	g	125,67
2	Vollmilch	480,00	g	580,01
3	Sahne, 30% Fett	70,00	g	84,59
4	Zucker, weiß	47,50	g	57,40
5	Trockenglukose	40,00	g	48,33
6	Dextrose	50,00	g	60,42
7	Magermilchpulver	24,40	g	29,48
8	Inulin	10,00	g	12,08
9	JBK	1,66	g	2,00
10	Salz	0,01	g	0,01
	Gesamt	827,57	g	1000,00 g

Kalte oder warme Zubereitung

Das italienische Milcheis. Es wird garniert mit Schokoladensoße, Früchten oder Fruchtpüree, Nüssen, Honig, Krokant oder was immer einem einfällt.

Eine Kugel Fior di Latte in einem frisch gebrühten Espresso, macht sich auch sehr lecker. Die Italiener nennen das dann Affogato al caffè.

Sauerrahm Eis

	Zutaten	Menge	g	Wunschmenge
1	Saure Sahne, 10% Fett	365,00	g	592,41
2	Sahne, 30% Fett	50,00	g	81,15
3	Vollmilch	50,00	g	81,15
4	Zucker, weiß	24,20	g	39,28
5	Trockenglukose	49,00	g	79,53
6	Dextrose	37,00	g	60,05
7	Magermilchpulver	19,00	g	30,84
8	Inulin	3,20	g	5,19
9	JBK	1,23	g	2,00
10	Zitronensaft	17,50	g	28,40
	Gesamt	**616,13**	**g**	**1000,00 g**

Kalte Zubereitung

Und schon lernen wir wieder etwas Neues. Eis mit Sauerrahmprodukten stellen wir kalt her, damit der Sauerrahm uns nicht gerinnt. Zusätzlich müssen wir mit der Zutat Zitronensaft vorsichtig sein, dieser kommt erst nach dem Reifen, kurz vor der Eismaschine zur Eismasse hinzu, damit die Bindemittel schön wirken und die Eismasse nicht gerinnt.

Auch dieses Eis kann man beim Anrichten wunderbar mit Früchten garnieren, vielleicht sogar mit kandierten Früchten.

Sauerrahm Senf Eis

	Zutaten	Menge	g	Wunschmenge
1	Saure Sahne, 10% Fett	365,00	g	564,32
2	Sahne, 30% Fett	50,00	g	77,30
3	Vollmilch	40,00	g	61,84
4	Zucker, weiß	28,00	g	43,29
5	Trockenglukose	48,00	g	74,21
6	Dextrose	39,00	g	60,30
7	Magermilchpulver	19,00	g	29,38
8	Inulin	6,00	g	9,28
9	JBK	1,30	g	2,00
10	Zitronensaft	17,50	g	27,06
11	Dijon Senf	13,00	g	20,10
12	Orangensaft	20,00	g	30,92
	Gesamt	**646,80**	**g**	**1000,00 g**

Kalte Zubereitung

Die Zubereitung funktioniert genau wie das vorherige Sauerrahm Eis. Den Zitronensaft und den Senf fügen wir erst nach dem Reifen der Eismasse zu.

Dieses Eis passt perfekt auf einen Vorspeiseteller mit Lachs oder feinem Schinken oder was immer Euch einfällt.

Schoko Orangen Eis

	Zutaten	Menge	g	Wunschmenge
1	Edelbitter-Schokolade 70%	190,50	g	98,22
2	Kakao	30,00	g	15,47
3	Sahne, 30% Fett	155,00	g	79,92
4	Vollmilch	1000,00	g	515,60
5	Zucker, braun	10,00	g	5,16
6	Trockenglukose	114,00	g	58,78
7	Dextrose	116,50	g	60,07
8	Magermilchpulver	57,50	g	29,65
9	JBK	3,88	g	2,00
10	Orangenmarmelade	50,00	g	25,78
11	Orangensaft	200,00	g	103,12
12	Orangenschale	12,10	g	6,24
13	Salz	0,02	g	0,02
	Gesamt	**1939,50**	**g**	**1000,00**

Warme Zubereitung

Achtung: Kakao im Rezept. Wir denken an den Spickzettel für Kakao im Rezept und erhitzen diesen in etwas Milch aus dem Rezept auf 92°C, damit er sein volles Aroma entfalten kann.

Bei der Orangenmarmelade müssen wir entscheiden, ob diese bitter sein soll oder nicht. Das ist reine Geschmackssache.

Für den Orangensaft pressen wir am besten frische und unbehandelte Orangen aus, wir denken an den Spickzettel Input = Output. Die Schalen der Orangen können wir gleich reiben und mitbenutzen, wenn die Orangen unbehandelt, also nicht gespritzt sind.

Man kann aber auch einen fertigen Orangensaft benutzen, der zu 100% aus Orangensaft besteht.

Man kann auch zusätzlich noch ein Fläschchen Orangen-Aroma zufügen, das man zum Backen benutzt.

Je besser die Schokolade ist, desto besser wird das Eis.

Schokoladen Chili Eis

	Zutaten	Menge	g	Wunschmenge
1	Edelbitter-Schokolade 70%	53,00	g	79,09
2	Kakao	13,25	g	19,77
3	Vollmilch	420,00	g	626,76
4	Sahne, 30% Fett	62,50	g	93,27
5	Zucker, braun	3,00	g	4,48
6	Trockenglukose	50,00	g	74,61
7	Dextrose	40,00	g	59,69
8	Magermilchpulver	20,00	g	29,85
9	JBK	1,34	g	2,00
10	Inulin	5,00	g	7,46
11	Salz	0,01	g	0,01
12	Chilipulver	2,01	g	3,00
	Gesamt	**670,11**	g	**1000,00 g**

Warme Zubereitung

Die Zubereitung erfolgt wie gewohnt, das Chilipulver vorsichtig dosieren, lieber mit 1g anfangen und bei Bedarf erhöhen bis auf 3g oder etwas mehr. Der eigene Geschmack entscheidet!

Walnuss Eis Maple mit Ahornsirup

	Zutaten	Menge	g	Wunschmenge
1	Walnuss	90,00	g	93,76
2	Ahornsirup	20,00	g	20,83
3	Sahne, 30% Fett	55,00	g	57,30
4	Vollmilch	630,00	g	656,30
5	Trockenglukose	57,50	g	59,90
6	Dextrose	57,50	g	59,90
7	Magermilchpulver	28,00	g	29,17
8	JBK	1,92	g	2,00
9	Salz	0,01	g	0,01
10	Vanillezucker	7,00	g	7,29
11	Honig	5,00	g	5,21
12	Zucker, braun	8,00	g	8,33
	Gesamt	**959,93**	**g**	**1000,00 g**

Warme Zubereitung

Auf die Nüsse kommt es an. Wir können Walnusskerne benutzen oder geriebene Walnüsse. Je hochwertiger die Nüsse sind, desto besser wird das Ergebnis, Spickzettel Input = Output.

Wer das Aroma der Nüsse intensiver haben möchte, röstet sie in einer beschichteten Pfanne ohne Fett vorsichtig an, sie dürfen nicht verbrennen.

Ein besonderes Aroma bietet Walnussmus, das man fertig kaufen kann. Die Menge der Zutat bleibt gleich.

Die Herstellung der Eismasse ist bekannt, sie muss, insbesondere bei der Verwendung von Walnusskernen gut gemixt werden. Die Walnüsse kommen nach dem Abkühlen und dem Reifen in die Eismasse. Nach der Zugabe der Walnüsse die Eismasse gut mixen, in Intervallen. Je feiner die Nüsse in der Eismasse sind, desto perfekter wird diese.

Tipp für Fortgeschrittene:

Etwa 30g Walnusskerne in der Pfanne mit etwas Fett und Zucker karamellisieren, etwas Ahornsirup dazu, abkühlen lassen, zerkleinern und nach der Hälfte der Zeit in der Eismaschine der Eismasse zufügen.

Ein Traum!

Zitronen Eis

	Zutaten	Menge	g	Wunschmenge
1	Vollmilch	200,00	g	269,73
2	Sahne, 30% Fett	190,00	g	256,24
3	Zucker, weiß	31,00	g	41,81
4	Trockenglukose	53,00	g	71,48
5	Dextrose	44,00	g	59,34
6	Magermilchpulver	22,00	g	29,67
7	JBK	1,48	g	2,00
8	Zitronensaft	200,00	g	269,73
	Gesamt	**741,48**	**g**	**1000,00 g**

Kalte oder warme Zubereitung

Es wird natürlich, zitronig frisch und ohne aufdringliche Süße. Die Zubereitung ist bekannt, ob kalt oder warm, wir wissen, was zu beachten ist, nämlich der Zitronensaft. Dieser kommt, das wissen wir ja schon, erst nach dem Reifen der Eismasse hinzu, damit die Eismasse nicht gerinnt.

Verwenden wir unbehandelte Zitronen, können wir den Abrieb der Schalen, ein paar Gramm davon jedenfalls, ganz nach Geschmack, der Eismasse mit dem Zitronensaft der zufügen. Das sorgt für etwas Biss im Eis und noch mehr Frische.

Guten Appetit!

Kokos Eis

	Zutaten	Menge	g	Wunschmenge
1	Kokosmilch	381,00	g	298,94
2	Vollmilch	540,00	g	423,70
3	Sahne, 30% Fett	84,00	g	65,91
4	Vanillezucker	8,93	g	7,01
5	Zucker, weiß	40,00	g	31,39
6	Trockenglukose	90,00	g	70,62
7	Dextrose	76,00	g	59,63
8	Magermilchpulver	37,00	g	29,03
9	Inulin	15,00	g	11,77
10	JBK	2,55	g	2,00
11	Salz	0,01	g	0,01
	Gesamt	**1274,49**	**g**	**1000,00 g**

Kalte oder warme Zubereitung

Es wird exotisch. Die Herstellung ist ganz einfach, so wie immer laut Spickzettel, es gibt nichts zu beachten und man kann nichts falsch machen.

Dafür kann man das Eis verfeinern, ganz nach Belieben. Vielleicht zur Hälfte der Zeit in der Eismaschine einen Schuss Rum dazu oder in Rum eingelegte Rosinen. Schokostreusel machen sich auch prima oder einfach ein paar Kokosraspel. Man kann es auch mal mit etwas frisch gezupftem Thai-Basilikum versuchen oder etwas Limettensaft bzw. etwas Limettenabrieb. Beim Anrichten kann man das Eis garnieren mit frischen Früchten, wie Ananas, Melone oder Kiwi. Was immer einem einfällt, es wird bestimmt lecker.

Lakritz Eis

Zutaten	Menge	g	Wunschmenge
1 Vollmilch	550,00	g	530,08
2 Sahne, 30% Fett	250,00	g	240,95
3 Lakritz	75,00	g	72,28
4 Dextrose	62,00	g	59,76
5 Zucker, Weiß	21,50	g	20,72
6 Trockenglukose	46,00	g	44,33
7 Magermilchpulver	31,00	g	29,88
8 JBK	2,07	g	2,00
Gesamt	**1037,57**	**g**	**1000,00 g**

Warme Zubereitung

Wie wir dieses außergewöhnliche Eis zubereiten wissen wir, ganz normal nach Spickzettel, es gibt nicht viel zu beachten. Wer mag, schmeckt die Eismasse mit etwas Salz ab, so wird es noch außergewöhnlicher. Welche Sorte Lakritz Ihr verwendet bleibt Euch überlassen. Ich nehme Salinos, aber nicht Emil verraten, der ist jetzt in der Gewerkschaft Katzenpfötchen.

Málaga Eis

	Zutaten	Menge	g	Wunschmenge
1	Vollmilch	275,00	g	549,99
2	Sahne, 30% Fett	125,00	g	250,00
3	Zucker, weiß	20,00	g	40,00
4	Trockenglukose	34,00	g	68,00
5	Dextrose	30,00	g	60,00
6	Magermilchpulver	15,00	g	30,00
7	Salz	0,01	g	0,01
8	JBK	1,00	g	2,00
	Gesamt	**500,01**	**g**	**1000,00 g**

Kalte oder warme Zubereitung

Ein weiterer Klassiker in unserer Rezeptsammlung. Wie das Málaga Eis zubereitet wird, wissen wir. Allerdings fehlt in der Rezeptur etwas, nämlich die besonderen Geschmacksträger. Wer gut aufgepasst hat weiß warum das so ist, denn die Geschmacksträger gehören nicht zur Bilanz der Eismasse, sie werden zur Hälfte der Zeit in der Eismaschine zugefügt und alles was wir zu diesem Zeitpunkt zufügen, gehört nicht zur Eismasse, muss nicht bilanziert werden.

Wer jetzt noch besser aufgepasst hat weiß, dass Ausnahmen die Regel bestätigen, so wie der Zitronensaft oder der Eierlikör. Immerhin machen wir ja hier unser Eis-Abitur, da können wir mit Ausnahmen prima umgehen.

Doch wie bekommen wir nun Geschmack in unsere Eismasse? Ganz einfach: Auf 1.000g Eismasse fügen wir zur Hälfte der Zeit in der Eismaschine 60g Málaga Dessertwein hinzu und 60g Rosinen, die wir in dem Dessertwein eingelegt haben. Die Rosinen sollten wir schon einige Zeit, am besten über Nacht, einlegen, mindestens aber 2 Stunden. Alternativ zum Málaga Dessertwein kann man auch Rum benutzen, der ist leichter zu beschaffen und etwas kräftiger.

Kirsch Eis

	Zutaten	Menge	g	Wunschmenge
1	Kirschen	170,00	g	289,67
2	Vollmilch	160,00	g	272,63
3	Sahne, 30% Fett	140,00	g	238,55
4	Zucker, weiß	1,60	g	2,73
5	Trockenglukose	48,00	g	81,79
6	Dextrose	35,00	g	59,64
7	Magermilchpulver	17,00	g	28,97
8	Inulin	4,00	g	6,82
9	Vanilleschote	5,00	g	8,52
10	Zitronensaft	5,00	g	8,52
11	Salz	0,10	g	0,17
12	JBK	1,18	g	2,00
	Gesamt	**586,88**	**g**	**1000,00 g**

Kalte oder warme Zubereitung

Keine weiteren Erklärungen, Ihr wisst jetzt wie es geht und habt alle Spickzettel.

Haselnuss Eis

	Zutaten	Menge	g	Wunschmenge
1	Vollmilch	540,00	g	661,32
2	Sahne, 30% Fett	50,00	g	61,23
3	Haselnuss gemahlen	70,00	g	85,73
4	Zucker, weiß	25,00	g	30,62
5	Honig	3,00	g	3,67
6	Magermilchpulver	24,00	g	29,39
7	Dextrose	49,00	g	60,01
8	Trockenglukose	53,00	g	64,91
9	JBK	1,63	g	2,00
10	Salz	0,10	g	0,12
11	Kakao	0,82	g	1,00
	Gesamt	**816,55**	g	**1000,00 g**

Warme oder kalte Zubereitung

Wir verwenden am besten geröstete Haselnusskerne. Wer frische nimmt, sollte diese in einer beschichteten Pfanne vorsichtig anrösten. Die Nüsse kommen nach dem abkühlen und reifen hinzu und müssen mit der Eismasse gut gemixt werden, je feiner, desto besser. Alternativ kann man Haselnussmus verwenden.

Mango Eis

	Zutaten	Menge	g	Wunschmenge
1	Mango	302,00	g	323,04
2	Sahne, 30% Fett	150,00	g	160,45
3	Vollmilch	290,00	g	310,20
4	Trockenglukose	68,00	g	72,74
5	Dextrose	56,00	g	59,90
6	Magermilchpulver	28,00	g	29,95
7	Inulin	14,00	g	14,98
8	JBK	1,87	g	2,00
9	Honig	10,00	g	10,70
10	Zitronensaft	5,00	g	5,35
11	Zucker, weiß	10,00	g	10,70
	Gesamt	**934,87**	**g**	**1000,00 g**

Kalte oder warme Zubereitung

Wer frische Früchte verwendet, denkt an unseren Spickzettel für gewisse Südfrüchte, die ein Enzym enthalten, dass die Milch sauer macht. Damit diese nicht gerinnt, müssen die Früchte kurz blanchiert werden. Man kann auch Dosenfrüchte verwenden, da fällt das Blanchieren weg, diese wurde schon erhitzt und enthalten das Enzym nicht mehr. Dosenfrüchte gut abtropfen lassen.

Toblerone Eis

	Zutaten	Menge	g	Wunschmenge
1	Toblerone	130,00	g	102,97
2	Sahne, 30% Fett	250,00	g	198,02
3	Vollmilch	700,00	g	554,45
4	Zucker, braun	15,00	g	11,88
5	Trockenglukose	60,00	g	47,52
6	Dextrose	75,00	g	59,40
7	Magermilchpulver	30,00	g	23,76
8	JBK	2,52	g	2,00
9	Salz	0,00	g	0,00
	Gesamt	**1262,52**	**g**	**1000,00 g**

Warme Zubereitung

Alles klar?

Wer Fragen hat und nicht weiterkommt, kommt zu uns auf den Pausenhof in der Facebook Gruppe „Eis-Abitur". Dort treffen sich schon etwa 2.500 Mitlernende, da gibt es immer Rat und Tat.

Waldmeister Eis

Zutaten	Menge	g	Wunschmenge
1 Vollmilch	360,00	g	395,68
2 Sahne, 30% Fett	250,00	g	274,78
3 Waldmeistersirup	115,00	g	126,40
4 Dextrose	54,00	g	59,35
5 Zucker, Weiß	31,50	g	34,62
6 Trockenglukose	70,00	g	76,94
7 Magermilchpulver	27,50	g	30,23
8 JBK	1,82	g	2,00
Gesamt	**909,82**	**g**	**1000,00 g**

Kalte oder warme Zubereitung

Als Waldmeistersirup (man kann auch andere Geschmacksrichtungen wählen) ist hier ein Sirup bilanziert, der wenig Zucker enthält, nämlich der von Soda Stream. Wer einen Sirup mit viel Zucker nimmt, hat ein etwas süßeres Eis und es wird etwas weicher. Aber das passt schon, wir stellen hier ja nur Eis her und keine Atombomben, bei denen die Rezeptur etwas besser eingehalten werden muss.

Wer es aber genauer nimmt, was durchaus löblich ist, legt für die Bilanz eine neue Zutat mit seinem Sirup an, trägt diesen ein und passt die Bilanz so an, dass sie wieder ausgeglichen ist. Wie das genau funktioniert, wird in dem Thema Bilanzierung ganz genau beschrieben.

Monin Zuckerwatte Eis

	Zutaten	Menge	g	Wunschmenge
1	Vollmilch	450,00	g	590,14
2	Sahne, 30% Fett	140,00	g	183,60
3	Monin Zuckerwatte Sirup	46,00	g	60,33
4	Dextrose	43,00	g	56,39
5	Zucker, Weiß	15,00	g	19,67
6	Trockenglukose	33,00	g	43,28
7	Inulin	12,00	g	15,74
8	Magermilchpulver	22,00	g	28,85
9	JBK	1,53	g	2,00
	Gesamt	**762,53**	**g**	**1000,00 g**

Kalte oder warme Zubereitung

Für dieses Eis wurde ein Sirup gewählt, der erheblich mehr Zucker enthält. Das hat zur Folge, dass man weniger davon einsetzen kann, damit die Eisbilanz ausgeglichen ist. Wer mehr Geschmack im Eis haben möchte, fügt zur Hälfte der Zeit in der Eismaschine einen Schuss Sirup hinzu.

Marzipan Eis

	Zutaten	Menge	g	Wunschmenge
1	Marzipan	72,00	g	79,83
2	Sahne, 30% Fett	110,00	g	121,96
3	Vollmilch	555,00	g	615,37
4	Zucker, weiß	30,00	g	33,26
5	Trockenglukose	25,00	g	27,72
6	Dextrose	54,00	g	59,87
7	Magermilchpulver	22,00	g	24,39
8	Inulin	5,00	g	5,54
9	Mandeln	25,00	g	27,72
10	JBK	1,80	g	2,00
11	Salz	0,10	g	0,11
12	Vanilleschote	2,00	g	2,22
	Gesamt	**901,90**	**g**	**1000,00 g**

Warme Zubereitung

Statt der Mandeln kann man auch Mandelmus benutzen. Die Eismasse gut mixen und wie immer bei jedem Eis ohne Alkohol bei Bedarf 20g Glycerin auf 1.000g Eismasse zufügen.

Amaretto Napoli Eis

	Zutaten	Menge	g	Wunschmenge
1	Amarettini	40,00	g	47,35
2	Amaretto	40,00	g	47,35
3	Sahne, 30% Fett	219,00	g	259,27
4	Vollmilch	410,00	g	485,39
5	Zucker, braun	25,00	g	29,60
6	Trockenglukose	40,00	g	47,35
7	Dextrose	30,00	g	35,52
8	Magermilchpulver	15,00	g	17,76
9	Inulin	10,00	g	11,84
10	JBK	1,69	g	2,00
11	Orangenschale	8,00	g	9,47
12	Zitronenschale	6,00	g	7,10
	Gesamt	**844,69**	g	**1000,00 g**

Kalte oder warme Zubereitung

Achtung: Alkohol im Eis! Die Menge vom Amaretto ist jedoch so bilanziert, dass sie nicht sehr hoch ist und gleichzeitig nutzen wir hier weniger Dextrose, wir brauchen also die Gefrierhemmung des Alkohols. Deshalb wird der Amaretto bei der warmen Zubereitung nicht mit erhitzt.

Nuss Nougat Eis mit Amarenakirschen

	Zutaten	Menge	g	Wunschmenge
1	Vollmilch	450,00	g	620,73
2	Sahne, 30% Fett	100,00	g	137,94
3	Nougat	30,00	g	41,38
4	Zucker, weiß	2,60	g	3,59
5	Halbbitter-Kuvertüre	10,00	g	13,79
6	Magermilchpulver	21,80	g	30,07
7	Dextrose	42,00	g	57,94
8	Trockenglukose	43,00	g	59,31
9	JBK	1,45	g	2,00
10	Inulin	3,00	g	4,14
11	Salz	0,10	g	0,14
12	Haselnussmus	21,00	g	28,97
	Gesamt	**724,95**	**g**	**1000,00 g**

Warme Zubereitung

Statt Haselnussmus kann man auch Haselnüsse verwenden, die man in einer beschichteten Pfanne anröstet und die Eismasse gut mixt.

Beim Anrichten die Amarenakirschen nicht vergessen!

Philadelphia Brombeere Eis

	Zutaten	Menge	g	Wunschmenge
1	Vollmilch	125,00	g	234,76
2	Sahne, 30% Fett	50,00	g	93,90
3	Philadelphia	87,50	g	164,33
4	Zucker, weiß	17,80	g	33,43
5	Dextrose	32,00	g	60,10
6	Trockenglukose	43,00	g	80,76
7	Inulin	5,00	g	9,39
8	Magermilchpulver	16,00	g	30,05
9	JBK	1,07	g	2,00
10	Brombeeren	150,00	g	281,71
11	Zitronensaft	5,00	g	9,39
12	Salz	0,10	g	0,19
	Gesamt	**532,47**	g	**1000,00 g**

Kalte oder warme Zubereitung

Die Früchte sollten richtig schön reif sein! Lecker!

Darauf achten, dass die Früchte keinen Schimmel enthalten, insbesondere bei der kalten Zubereitung. Wer die Kerne im Eis nicht mag, streicht die Früchte durch ein Sieb und passt die Menge an. Die Früchte mit dem Zitronensaft pürieren.

Philadelphia Himbeeren Eis

	Zutaten	Menge	g	Wunschmenge
1	Vollmilch	110,00	g	211,48
2	Sahne, 30% Fett	60,00	g	115,35
3	Philadelphia	87,50	g	168,22
4	Zucker, weiß	15,00	g	28,84
5	Dextrose	31,00	g	59,60
6	Trockenglukose	41,50	g	79,79
7	Inulin	3,50	g	6,73
8	Magermilchpulver	15,50	g	29,80
9	JBK	1,04	g	2,00
10	Himbeeren	150,00	g	288,38
11	Zitronensaft	5,00	g	9,61
12	Salz	0,10	g	0,19
	Gesamt	**520,14**	**g**	**1000,00**

Kalte oder warme Zubereitung

Wieder verwenden wir richtig reife Früchte. Darauf achten, dass sie keinen Schimmel enthalten, insbesondere bei der kalten Zubereitung. Wer die Kerne im Eis nicht mag, streicht die Früchte durch ein Sieb und passt die Menge an. Die Früchte mit dem Zitronensaft pürieren.

Philadelphia Johannisbeeren Eis

	Zutaten	Menge	g	Wunschmenge
1	Vollmilch	150,00	g	265,42
2	Sahne, 30% Fett	60,00	g	106,17
3	Philadelphia	87,50	g	154,83
4	Zucker, weiß	17,00	g	30,08
5	Dextrose	34,00	g	60,16
6	Trockenglukose	35,00	g	61,93
7	Inulin	3,50	g	6,19
8	Magermilchpulver	17,00	g	30,08
9	JBK	1,13	g	2,00
10	Johannisbeeren	155,00	g	274,27
11	Zitronensaft	5,00	g	8,85
12	Salz	0,01	g	0,02
	Gesamt	**565,14**	**g**	**1000,00 g**

Kalte oder warme Zubereitung

Wieder verwenden wir richtig reife Früchte. Darauf achten, dass sie keinen Schimmel enthalten, insbesondere bei der kalten Zubereitung. Wer die Kerne im Eis nicht mag, streicht die Früchte durch ein Sieb und passt die Menge an. Die Früchte mit dem Zitronensaft pürieren.

Philadelphia Pfirsich Eis

	Zutaten	Menge	g	Wunschmenge
1	Vollmilch	200,00	g	309,53
2	Sahne, 30% Fett	92,50	g	143,16
3	Philadelphia	87,50	g	135,42
4	Zucker, weiß	13,85	g	21,43
5	Dextrose	39,00	g	60,36
6	Trockenglukose	52,00	g	80,48
7	Inulin	6,00	g	9,29
8	Magermilchpulver	19,00	g	29,40
9	JBK	1,29	g	2,00
10	Pfirsich, frisch	130,00	g	201,19
11	Zitronensaft	5,00	g	7,74
12	Salz	0,01	g	0,02
13	Wasser	0,00	g	0,00
	Gesamt	**646,15**	**g**	**1000,00**

Kalte oder warme Zubereitung

Wer Früchte aus der Dose verwenden will, lässt diese gut abtropfen. Das Eis wird jedoch etwas süßer, wenn die Dosenfrüchte gezuckert sind.

Philadelphia Aprikosen Eis

	Zutaten	Menge	g	Wunschmenge
1	Vollmilch	200,00	g	286,37
2	Sahne, 30% Fett	100,00	g	143,18
3	Philadelphia	87,50	g	125,29
4	Zucker, weiß	15,00	g	21,48
5	Dextrose	39,00	g	55,84
6	Trockenglukose	52,50	g	75,17
7	Inulin	6,00	g	8,59
8	Magermilchpulver	19,50	g	27,92
9	JBK	1,40	g	2,00
10	Aprikosen	172,00	g	246,28
11	Zitronensaft	5,00	g	7,16
12	Salz	0,50	g	0,72
	Gesamt	**698,40**	**g**	**1000,00 g**

Kalte oder warme Zubereitung

Philadelphia Wassermelone

	Zutaten	Menge	g	Wunschmenge
1	Vollmilch	140,00	g	231,13
2	Sahne, 30% Fett	100,00	g	165,09
3	Philadelphia	87,50	g	144,46
4	Zucker, weiß	10,00	g	16,51
5	Dextrose	37,50	g	61,91
6	Trockenglukose	49,00	g	80,90
7	Magermilchpulver	18,00	g	29,72
8	JBK	1,21	g	2,00
9	Wassermelone	160,00	g	264,15
10	Zitronensaft	2,50	g	4,13
11	Salz	0,01	g	0,01
	Gesamt	**605,72**	**g**	**1000,00**

Kalte oder warme Zubereitung

Dieses ist der letzte Streich aus Philadelphia. Da hatten wir nun eine richtige Serie, es ist aber auch zu lecker!

Hugo Eis

	Zutaten	Menge	g	Wunschmenge
1	Holunderblütensirup	5,50	g	8,08
2	Minze, frisch	10,00	g	14,70
3	Zitronenschale	10,00	g	14,70
4	Zitronensaft	10,00	g	14,70
5	Vollmilch	130,00	g	191,08
6	Joghurt 3,5%	170,00	g	249,87
7	Sahne, 30% Fett	180,00	g	264,57
8	Zucker, weiß	9,50	g	13,96
9	Trockenglukose	50,00	g	73,49
10	Dextrose	40,00	g	58,79
11	Magermilchpulver	20,00	g	29,40
12	Inulin	10,00	g	14,70
13	Ginger-Ale	15,00	g	22,05
14	Prosecco	19,00	g	27,93
15	JBK	1,36	g	2,00
	Gesamt	**680,36**	**g**	**1000,00 g**

Kalte oder warme Zubereitung

Bei der warmen Zubereitung den Prosecco erst zur Hälfte der Zeit in der Eismaschine zugeben.

Wer die alkoholfreie Variante wählt, lässt den Prosecco weg und schlägt dessen Menge auf die Zutat Ginger Ale auf.

Toffifee Eis

Zutaten	Menge	g	Wunschmenge
1 Vollmilch	605,00	g	608,18
2 Sahne, 30% Fett	130,00	g	130,68
3 Zucker, weiß	5,00	g	5,03
4 Trockenglukose	41,00	g	41,22
5 Magermilchpulver	30,00	g	30,16
6 Kakao	1,98	g	1,99
7 Toffifee	120,00	g	120,63
8 JBK	1,99	g	2,00
9 Dextrose	59,80	g	60,11
Gesamt	**994,77**	**g**	**1000,00 g**

Warme Zubereitung

Toffifee beim Erhitzen der Eismasse mit schmelzen lassen und die Eismasse gut mixen.

Spickzettel Kakao nicht vergessen!

Pfirsich Eis

	Zutaten	Menge	g	Wunschmenge
1	Pfirsich, frisch	115,00	g	423,27
2	Vollmilch	37,00	g	136,18
3	Sahne, 30% Fett	63,00	g	231,88
4	Zucker, weiß	10,30	g	37,91
5	Trockenglukose	15,00	g	55,21
6	Dextrose	16,35	g	60,18
7	Magermilchpulver	8,00	g	29,44
8	Inulin	3,00	g	11,04
9	Vanilleschote	0,50	g	1,84
10	Zitronensaft	3,00	g	11,04
11	JBK	0,54	g	2,00
	Gesamt	**271,70**	**g**	**1000,00 g**

Kalte oder warme Zubereitung

Frische Pfirsiche lassen sich leicht schälen, wenn man sie kurz in heißes Wasser legt.

Nougat Eis

	Zutaten	Menge	g	Wunschmenge
1	Vollmilch	500,00	g	629,81
2	Sahne, 30% Fett	100,00	g	125,96
3	Nougat	61,00	g	76,84
4	Zucker, weiß	4,00	g	5,04
5	Halbbitter-Kuvertüre	19,50	g	24,56
6	Magermilchpulver	23,00	g	28,97
7	Dextrose	47,30	g	59,58
8	Trockenglukose	30,50	g	38,42
9	JBK	1,59	g	2,00
10	Inulin	7,00	g	8,82
11	Salz	0,01	g	0,01
	Gesamt	**793,90**	**g**	**1000,00 g**

Warme Zubereitung

Mon Cheri Eis

	Zutaten	Menge	g	Wunschmenge
1	Mon Cheri	181,00	g	110,94
2	Mascarpone	105,00	g	64,35
3	Vollmilch	971,00	g	595,13
4	Sahne, 30% Fett	137,00	g	83,97
5	Zucker, weiß	8,00	g	4,90
6	Trockenglukose	28,00	g	17,16
7	Dextrose	99,00	g	60,68
8	Magermilchpulver	48,00	g	29,42
9	Inulin	13,00	g	7,97
10	JBK	3,27	g	2,00
11	Salz	0,01	g	0,01
12	Kakao	3,30	g	2,02
13	Kirschsirup	10,00	g	6,13
14	Kirschlikör	25,00	g	15,32
	Gesamt	**1631,58**	g	**1000,00 g**

Warme Zubereitung

Das ist so lecker. Die Mon Cheri werden mit erwärmt. Kirschsirup und Kirschlikör verändern den Geschmack, wen man zu viel davon nimmt. Man kann auch 5 gerade sein lassen und die Menge Mon Cheri etwas aufrunden. Ich habe mal heimlich 2 mehr genommen, passt auch.

Meuterei auf der Bounty

	Zutaten	Menge	g	Wunschmenge
1	Bounty	85,00	g	135,39
2	Sahne, 30% Fett	74,00	g	117,87
3	Vollmilch	383,00	g	610,06
4	Zucker, weiß	6,80	g	10,83
5	Trockenglukose	19,00	g	30,26
6	Dextrose	37,25	g	59,33
7	Magermilchpulver	18,50	g	29,47
8	JBK	1,26	g	2,00
9	Inulin	3,00	g	4,78
10	Salz	0,01	g	0,01
	Gesamt	**627,81**	**g**	**1000,00 g**

Warme Zubereitung

Tipp: Zur Hälfte der Zeit in der Eismaschine Kokosraspel, Schokostreusel und/oder Kokoslikör zufügen.

Giotto Eis

	Zutaten	Menge	g	Wunschmenge
1	Giotto	126,00	g	124,50
2	Vollmilch	680,00	g	671,91
3	Sahne, 30% Fett	50,00	g	49,41
4	Vanillezucker	6,00	g	5,93
5	Zucker, weiß	20,00	g	19,76
6	Trockenglukose	40,00	g	39,52
7	Dextrose	60,00	g	59,29
8	Magermilchpulver	27,00	g	26,68
9	JBK	2,02	g	2,00
10	Salz	0,01	g	0,01
11	Kakao	1,01	g	1,00
	Gesamt	**1012,04**	**g**	**1000,00**

Warme Zubereitung

Tipp: Zur Hälfte der Zeit in der Eismaschine gehackte Giotto zufügen.

Giotto Eierlikör Eis

	Zutaten	Menge	g	Wunschmenge
1	Giotto	260,00	g	106,16
2	Eierlikör	200,00	g	81,66
3	Sahne, 30% Fett	160,00	g	65,33
4	Vollmilch	1510,00	g	616,53
5	Zucker, weiß	20,00	g	8,17
6	Vanillezucker	11,82	g	4,83
7	Trockenglukose	60,00	g	24,50
8	Dextrose	130,00	g	53,08
9	Magermilchpulver	70,00	g	28,58
10	Inulin	20,00	g	8,17
11	JBK	4,89	g	2,00
12	Kakao	2,50	g	1,02
	Gesamt	**2449,21**	**g**	**1000,00 g**

Warme Zubereitung

Den Eierlikör nicht mit erhitzen, nach dem Abkühlen zufügen.

Tipp: Zur Hälfte der Zeit in der Eismaschine gehackte Giotto zufügen. Ein Schuss Eierlikör passt auch noch hinein.

Zitrone Buttermilch Eis

	Zutaten	Menge	g	Wunschmenge
1	Buttermilch	630,00	g	494,76
2	Zitronensaft	180,00	g	141,36
3	Zitronenschale	12,80	g	10,05
4	Sauerrahm	200,00	g	157,07
5	Zucker, weiß	34,00	g	26,70
6	Trockenglukose	100,00	g	78,53
7	Dextrose	76,00	g	59,68
8	Magermilchpulver	38,00	g	29,84
9	JBK	2,55	g	2,00
10	Salz	0,01	g	0,01
	Gesamt	**1273,36**	**g**	**1000,00 g**

Kalte Zubereitung

Dieses Rezept bereiten wir kalt zu, denn es enthält Sauerrahm, den wir nicht erhitzen, damit er nicht ausflockt. Die Eismasse wird erst ohne den Zitronensaft zubereitet, erst wenn die Eismasse fertig ist und 30 bis 60 Minuten im Kühlschrank gereift ist, fügen wir den Zitronensaft zu, damit die Bindemittel wirken und der Zitronensaft die Eismasse nicht gerinnen lässt.

Tipp: Etwas Abrieb von unbehandelter Zitronenschale sorgt für etwas Biss im Eis und zusätzlichen Geschmack.

Milky Way Eis

	Zutaten	Menge	g	Wunschmenge
1	Milky Way	74,00	g	132,83
2	Sahne, 30% Fett	75,00	g	134,62
3	Vollmilch	335,00	g	601,31
4	Trockenglukose	15,00	g	26,92
5	Dextrose	33,00	g	59,23
6	Magermilchpulver	16,00	g	28,72
7	JBK	1,12	g	2,00
8	Inulin	8,00	g	14,36
9	Salz	0,01	g	0,01
	Gesamt	**557,12**	**g**	**1000,00 g**

Warme Zubereitung

Mars Eis

	Zutaten	Menge	g	Wunschmenge
1	Vollmilch	650,00	g	603,55
2	Sahne, 30% Fett	150,00	g	139,28
3	Zucker, weiß	4,00	g	3,71
4	Trockenglukose	40,00	g	37,14
5	Magermilchpulver	32,00	g	29,71
6	Kakao	5,00	g	4,64
7	Mars	130,00	g	120,71
8	JBK	2,16	g	2,00
9	Dextrose	63,80	g	59,24
	Gesamt	**1076,96**	**g**	**1000,00 g**

Warme Zubereitung

Kokos Mango Eis

	Zutaten	Menge	g	Wunschmenge
1	Kokosmilch	180,00	g	274,68
2	Vollmilch	30,00	g	45,78
3	Sahne, 30% Fett	50,00	g	76,30
4	Zucker, weiß	10,00	g	15,26
5	Trockenglukose	40,00	g	61,04
6	Dextrose	39,00	g	59,51
7	Inulin	10,00	g	15,26
8	JBK	1,31	g	2,00
9	Zitronensaft	5,00	g	7,63
10	Mango	270,00	g	412,02
11	Magermilchpulver	20,00	g	30,52
12	Salz	0,01	g	0,01
	Gesamt	**655,32**	**g**	**1000,00 g**

Kalte oder warme Zubereitung

Spickzettel für Früchte wie Mango, Ananas etc. beachten! Frische Früchte müssen blanchiert werden, damit die Milch nicht sauer wird!

Mango Fruchtpüree Eis

	Zutaten	Menge	g	Wunschmenge
1	Mangopüree	150,00	g	464,90
2	Limettensaft	3,00	g	9,30
3	Vollmilch	35,00	g	108,48
4	Sahne, 30% Fett	80,00	g	247,95
5	Zucker, weiß	6,00	g	18,60
6	Trockenglukose	13,00	g	40,29
7	Dextrose	19,50	g	60,44
8	Magermilchpulver	10,50	g	32,54
9	Inulin	5,00	g	15,50
10	JBK	0,65	g	2,00
11	Salz	0,00	g	0,01
	Gesamt	**322,65**	**g**	**1000,00 g**

Kalte oder warme Zubereitung

Wie verwenden schon fertiges Fruchtpüree. Das hier verwendete Fruchtpüree kann man austauschen und z. B. ein Ananas Fruchtpüree Eis daraus machen. Da die Zuckerwerte bei den Sorten unterschiedlich sind, wäre es sinnvoll, für eine andere Sorten Fruchtpüree eine neue Zutat in der Bilanz anzulegen und das hier verwendete Mangopüree auszutauschen. Wie das genau funktioniert wird im Kapitel Bilanzierung genau beschrieben.

Kinderschokolade Eis

	Zutaten	Menge	g	Wunschmenge
1	Kinderschokolade	91,00	g	123,04
2	Vollmilch	450,00	g	608,45
3	Sahne, 30% Fett	100,00	g	135,21
4	Zucker, weiß	5,00	g	6,76
5	Trockenglukose	21,00	g	28,39
6	Dextrose	44,00	g	59,49
7	Magermilchpulver	22,00	g	29,75
8	Inulin	5,00	g	6,76
9	JBK	1,48	g	2,00
10	Salz	0,10	g	0,14
	Gesamt	**739,58**	**g**	**1000,00 g**

Warme Zubereitung

Kinder Schokobons Eis

	Zutaten	Menge		Wunschmenge
1	Kinder Schokobons	175,00	g	135,60
2	Vollmilch	845,00	g	654,74
3	Sahne, 30% Fett	100,00	g	77,48
4	Zucker, weiß	5,00	g	3,87
5	Trockenglukose	51,00	g	39,52
6	Dextrose	78,00	g	60,44
7	Magermilchpulver	34,00	g	26,34
8	Inulin	0,00	g	0,00
9	JBK	2,58	g	2,00
10	Salz	0,01	g	0,01
	Gesamt	**1290,59**	**g**	**1000,00 g**

Warme Zubereitung

Pflaumen Eis

	Zutaten	Menge	g	Wunschmenge
1	Pflaumen	320,00	g	363,78
2	Vollmilch	180,00	g	204,62
3	Sahne, 30% Fett	200,00	g	227,36
4	Zucker, braun	4,00	g	4,55
5	Trockenglukose	70,00	g	79,58
6	Dextrose	53,00	g	60,25
7	Magermilchpulver	30,00	g	34,10
8	Inulin	10,00	g	11,37
9	JBK	1,76	g	2,00
10	Vanillezucker	5,00	g	5,68
11	Zitronensaft	5,00	g	5,68
12	Zimt	0,90	g	1,02
	Gesamt	**879,66**	g	**1000,00 g**

Kalte oder warme Zubereitung

Wer keinen Zimt im Eis haben möchte, lässt ihn weg.

Raffaello Eis

	Zutaten	Menge	g	Wunschmenge
1	Sahne, 30% Fett	50,00	g	64,64
2	Vollmilch	510,00	g	659,30
3	Zucker, weiß	12,00	g	15,51
4	Trockenglukose	39,00	g	50,42
5	Magermilchpulver	23,00	g	29,73
6	Dextrose	47,00	g	60,76
7	Raffaello	91,00	g	117,64
8	JBK	1,55	g	2,00
	Gesamt	**773,55**	**g**	**1000,00 g**

Warme Zubereitung

Wie es funktioniert wissen wir. Zur Hälfte der Zeit in der Eismaschine ruhig mal an die geheime Geheimzutat Glycerin denken. Sie ist gerade bei diesem Eis sehr zu empfehlen, es neigt dazu in der Tiefkühle bockig zu werden.

Baileys Eis

	Zutaten	Menge	g	Wunschmenge
1	Vollmilch	250,00	g	569,11
2	Sahne, 30% Fett	100,00	g	227,64
3	Zucker, braun	18,00	g	40,98
4	Magermilchpulver	13,00	g	29,59
5	Dextrose	26,40	g	60,10
6	Trockenglukose	24,00	g	54,63
7	Inulin	5,00	g	11,38
8	JBK	0,88	g	2,00
9	Vanilleschote	1,00	g	2,28
10	Salz	0,01	g	0,01
11	Kakao	1,00	g	2,28
	Gesamt	**439,29**	g	**1000,00 g**

Warme Zubereitung

Na, haben wir hier etwa die wichtigste Zutat, den Baileys vergessen? Nein, natürlich nicht. Wenn die Eismasse in der Eismaschine beginnt fest zu werden, fügen wir 30g bis 50g Baileys hinzu.

Spickzettel für den Kakao nicht vergessen!

Nutella Eis

	Zutaten	Menge	g	Wunschmenge
1	Nutella	248,00	g	136,44
2	Sahne, 30% Fett	125,00	g	68,77
3	Vollmilch	1200,00	g	660,19
4	Trockenglukose	59,00	g	32,46
5	Dextrose	109,00	g	59,97
6	Magermilchpulver	54,00	g	29,71
7	Inulin	15,00	g	8,25
8	JBK	3,64	g	2,00
9	Salz	0,01	g	0,01
10	Kakao	4,00	g	2,20
	Gesamt	**1817,65**	**g**	**1000,00 g**

Warme Zubereitung

Daim Eis

	Zutaten	Menge	g	Wunschmenge
1	Vollmilch	710,00	g	664,70
2	Sahne, 30% Fett	65,00	g	60,85
3	Zucker, weiß	10,00	g	9,36
4	Trockenglukose	35,00	g	32,77
5	Dextrose	64,00	g	59,92
6	Magermilchpulver	29,00	g	27,15
7	Inulin	14,00	g	13,11
8	JBK	2,14	g	2,00
9	Kakao	2,00	g	1,87
10	Daim	135,00	g	126,39
11	Salz	0,01	g	0,01
12	Vanilleschote	2,00	g	1,87
	Gesamt	**1068,15**	**g**	**1000,00 g**

Warme Zubereitung

Cantaloupe Melone Mascarpone Eis

	Zutaten	Menge	g	Wunschmenge
1	Cantaloupe Melone	220,00	g	372,70
2	Vollmilch	150,00	g	254,12
3	Mascarpone	100,00	g	169,41
4	Zucker, weiß	9,00	g	15,25
5	Trockenglukose	47,00	g	79,62
6	Dextrose	35,00	g	59,29
7	Magermilchpulver	17,50	g	29,65
8	Inulin	8,50	g	14,40
9	JBK	1,18	g	2,00
10	Zitronensaft	2,00	g	3,39
11	Salz	0,10	g	0,17
	Gesamt	**590,28**	**g**	**1000,00 g**

Kalte Zubereitung

Hier benötigen wir einen neuen Spickzettel, denn alle Melonen, die in der Mitte der Frucht ihre Kerne sammeln, also nicht im Fruchtfleisch wie bei der Wassermelone, enthalten ein Enzym, das die Milch sauer macht, weshalb sie blanchiert werden müssen.

SPICKZETTEL

ZUCKERMELONEN WIE HONIG-, CANTALOUPE- ODER GALIAMELONE...

...HABEN IHRE KERNE IN DER MITTE UND MÜSSEN FRISCH BLANCHIERT WERDEN, DA SIE EIN ENZYM ENTHALTEN, DASS DIE MILCH SAUER MACHT.

EIS-ABITUR

Cantaloupe Melone Eis

	Zutaten	Menge	g	Wunschmenge
1	Cantaloupe Melone	200,00	g	311,05
2	Vollmilch	119,00	g	185,07
3	Sahne, 30% Fett	190,00	g	295,50
4	Zucker, weiß	14,00	g	21,77
5	Trockenglukose	50,60	g	78,70
6	Dextrose	38,50	g	59,88
7	Magermilchpulver	19,00	g	29,55
8	Inulin	8,50	g	13,22
9	JBK	1,29	g	2,00
10	Zitronensaft	2,00	g	3,11
11	Salz	0,10	g	0,16
	Gesamt	**642,99**	**g**	**1000,00**

Kalte Zubereitung

Wassermelonen Eis

	Zutaten	Menge	g	Wunschmenge
1	Wassermelone	350,00	g	457,19
2	Sahne, 30% Fett	210,00	g	274,32
3	Vollmilch	50,00	g	65,31
4	Zucker, weiß	14,00	g	18,29
5	Trockenglukose	61,00	g	79,68
6	Dextrose	46,00	g	60,09
7	Magermilchpulver	23,00	g	30,04
8	Inulin	6,00	g	7,84
9	JBK	1,53	g	2,00
10	Zitronensaft	4,00	g	5,23
11	Salz	0,01	g	0,01
	Gesamt	**765,54**	**g**	**1000,00 g**

Kalte Zubereitung

Wassermelonen sammeln ihre Kerne nicht in der Mitte, sondern verteilen sie im Fruchtfleisch. Sie enthalten kein Enzym, das die Milch sauer macht und müssen nicht blanchiert werden.

Apfel Ricotta Eis

	Zutaten	Menge	g	Wunschmenge
1	Äpfel	320,00	g	341,09
2	Apfelsaft	150,00	g	159,88
3	Ricotta	100,00	g	106,59
4	Sahne, 30% Fett	185,00	g	197,19
5	Zucker, weiß	27,00	g	28,78
6	Trockenglukose	46,00	g	49,03
7	Dextrose	56,30	g	60,01
8	Magermilchpulver	28,00	g	29,85
9	Inulin	10,00	g	10,66
10	JBK	1,88	g	2,00
11	Zitronenschale	7,00	g	7,46
12	Zitronensaft	7,00	g	7,46
	Gesamt	**938,18**	g	**1000,00 g**

Warme Zubereitung

Äpfel schälen, entkernen, in kleine Würfel schneiden, mit Zitronensaft vermischen und in Apfelsaft weich kochen.

Trockene Zutaten mischen, zu den flüssigen Zutaten und den gekochten Äpfeln geben, auf 85°C erhitzen und mixen.

Nach dem Abkühlen den Ricotta zugeben und mixen. Im Kühlschrank reifen lassen und ab damit in die Eismaschine.

Tipp: Zur Hälfte der Zeit in der Eismaschine einen Schuss Calvados zufügen.

Holunderbeeren Rotwein Eis

	Zutaten	Menge	g	Wunschmenge
1	Holunderbeeren	91,00	g	300,40
2	Rotwein	34,00	g	112,24
3	Zitronensaft	2,50	g	8,25
4	Zitronenschale	2,50	g	8,25
5	Vollmilch	70,00	g	231,08
6	Sahne, 30% Fett	40,00	g	132,04
7	Zucker, weiß	15,00	g	49,52
8	Trockenglukose	17,00	g	56,12
9	Dextrose	18,00	g	59,42
10	Magermilchpulver	8,80	g	29,05
11	Inulin	1,40	g	4,62
12	JBK	0,61	g	2,00
13	Salz	0,01	g	0,03
14	Vanillezucker	2,12	g	6,98
	Gesamt	**302,93**	g	**1000,00 g**

Warme Zubereitung

Holunderbeeren in dem Rotwein weich kochen. Die Trockenzutaten vermischen, zu den flüssigen Zutaten und dem Holunderbeerenrotwein geben, alles auf 85°C erhitzen, mixen, abkühlen und im Kühlschrank reifen lassen.

Tipp:

Holunderbeeren immer kochen, im rohen Zustand bereiten sie Übelkeit. Also keine rohen Beeren als Deko verwenden.

Kirsch Bananen Eis

	Zutaten	Menge	g	Wunschmenge
1	Kirschen	100,00	g	165,64
2	Bananen	50,00	g	82,82
3	Vanilleschote	1,00	g	1,66
4	Vollmilch	240,00	g	397,54
5	Sahne, 30% Fett	100,00	g	165,64
6	Zucker, weiß	15,00	g	24,85
7	Trockenglukose	36,00	g	59,63
8	Dextrose	36,00	g	59,63
9	Inulin	6,50	g	10,77
10	JBK	1,21	g	2,00
11	Magermilchpulver	18,00	g	29,82
12	Salz	0,01	g	0,02
	Gesamt	**603,72**	**g**	**1000,00 g**

Kalte Zubereitung

Das Gewicht der Kirschen versteht sich ohne Kerne. Je reifer die Bananen, desto besser schmeckt das Eis. Der Rest ist einfach und lecker.

Sanddorn Mascarpone Eis

	Zutaten	Menge	g	Wunschmenge
1	Sahne, 30% Fett	72,50	g	117,19
2	Mascarpone	70,00	g	113,15
3	Dextrose	37,00	g	59,81
4	Zucker, weiß	30,00	g	48,49
5	Trockenglukose	35,00	g	56,58
6	Magermilchpulver	17,91	g	28,95
7	Vollmilch	280,00	g	452,60
8	JBK	1,24	g	2,00
9	Sanddornsaft	75,00	g	121,23
	Gesamt	**618,65**	**g**	**1000,00 g**

Kalte Zubereitung

Sanddorn Eis

	Zutaten	Menge	g	Wunschmenge
1	Vollmilch	200,00	g	272,12
2	Sahne, 30% Fett	190,00	g	258,51
3	Zucker, weiß	24,50	g	33,33
4	Trockenglukose	53,00	g	72,11
5	Dextrose	44,00	g	59,87
6	Magermilchpulver	22,00	g	29,93
7	JBK	1,47	g	2,00
8	Sanddornsaft	200,00	g	272,12
	Gesamt	**734,97**	**g**	**1000,00 g**

Kalte Zubereitung

Matcha Eis

	Zutaten	Menge	g	Wunschmenge
1	Vollmilch	400,00	g	538,21
2	Sahne, 30% Fett	190,00	g	255,65
3	Zucker, weiß	22,00	g	29,60
4	Trockenglukose	59,00	g	79,39
5	Dextrose	44,00	g	59,20
6	Magermilchpulver	22,00	g	29,60
7	JBK	1,49	g	2,00
8	Matcha	3,70	g	4,98
9	Vanilleschote	1,00	g	1,35
10	Salz	0,01	g	0,01
	Gesamt	**743,20**	**g**	**1000,00 g**

Warme Zubereitung

Das Matchapulver dosiert man nach Geschmack, etwas mehr oder auch etwas weniger.

Erdnuss Eis

	Zutaten	Menge	g	Wunschmenge
1	Vollmilch	580,00	g	670,72
2	Sahne, 30% Fett	50,00	g	57,82
3	Erdnussbutter	90,00	g	104,08
4	Vanillezucker	6,00	g	6,94
5	Magermilchpulver	25,00	g	28,91
6	Dextrose	51,00	g	58,98
7	Trockenglukose	50,00	g	57,82
8	JBK	1,73	g	2,00
9	Inulin	11,00	g	12,72
10	Salz	0,01	g	0,01
	Gesamt	**864,74**	g	**1000,00 g**

Kalte oder warme Zubereitung

Zur Hälfe der Zeit kann man 30g bis 50g gehackte, geröstete und gesalzene Erdnüsse zufügen.

Erdnuss Eis salzig

	Zutaten	Menge	g	Wunschmenge
1	Vollmilch	570,00	g	666,97
2	Sahne, 30% Fett	50,00	g	58,51
3	Erdnüsse geröstet gesalzen	90,00	g	105,31
4	Vanillezucker	6,00	g	7,02
5	Magermilchpulver	24,00	g	28,08
6	Dextrose	52,00	g	60,85
7	Trockenglukose	52,00	g	60,85
8	JBK	1,71	g	2,00
9	Inulin	8,00	g	9,36
10	Salz	0,90	g	1,05
	Gesamt	**854,61**	**g**	**1000,00 g**

Kalte oder warme Zubereitung

Bei der warmen Zubereitung die Erdnüsse erst nach dem Reifen zufügen.

Salz Karamell Eis

	Zutaten	Menge	g	Wunschmenge
1	Karamell Kondensmilch	397,00	g	329,06
2	Salz	12,06	g	10,00
3	Vollmilch	550,00	g	455,88
4	Sahne, 30% Fett	245,00	g	203,07
5	JBK	2,41	g	2,00
	Gesamt	**1206,47**	**g**	**1000,00 g**

Kalte Zubereitung

Kürbis Eis

	Zutaten	Menge	g	Wunschmenge
1	Hokkaido-Kürbis	204,00	g	323,42
2	Portwein, weiß	25,00	g	39,63
3	Vollmilch	80,00	g	126,83
4	Sahne, 30% Fett	198,00	g	313,90
5	Zucker, weiß	40,00	g	63,42
6	Trockenglukose	38,00	g	60,24
7	Dextrose	38,00	g	60,24
8	Inulin	6,50	g	10,30
9	JBK	1,26	g	2,00
10	Salz	0,01	g	0,01
	Gesamt	**630,77**	g	**1000,00 g**

Warme Zubereitung

Kürbis im Portwein weich dünsten. Trockene Zutaten mischen, zu den flüssigen Zutaten und dem Kürbis geben, alles auf 85°C erhitzen, mixen, abkühlen und im Kühlschrank reifen lassen. Nochmals mixen und ab damit in die Eismaschine.

Tipp: Zur Hälfte der Zeit in der Eismaschine kann man noch einen Schuss Portwein zufügen.

Macadamia Karamell Eis

	Zutaten	Menge	g	Wunschmenge
1	Sahne, 30% Fett	80,00	g	98,26
2	Vollmilch	520,00	g	638,71
3	Zucker, weiß	27,00	g	33,16
4	Trockenglukose	61,00	g	74,93
5	Dextrose	48,00	g	58,96
6	Magermilchpulver	25,00	g	30,71
7	Macadamianüsse, ungesalzen	50,00	g	61,41
8	Vanilleschote	1,50	g	1,84
9	JBK	1,63	g	2,00
10	Salz	0,01	g	0,01
	Gesamt	**814,14**	**g**	**1000,00**

Warme Zubereitung

Die Nüsse müssen gemahlen werden, bis sie eine buttrige Konsistenz erlangen. Man kann natürlich auch Nussmus verwenden, das ist leichter.

Zusätzlich zur Eismasse eine Karamellsoße herstellen:

30g braunen Zucker in einer beschichteten Pfanne bei mittlerer Hitze schmelzen, bis er Blasen schlägt, nicht verrühren. 15g Butter dazugeben bis sie geschmolzen ist, nicht verrühren.

55g Sahne vorsichtig dazugeben. Achtung, es wird spritzen, jetzt alles gut verrühren, bis eine homogene Sauce entstanden ist. Abkühlen lassen.

Das fertige Eis in die Gefrierbox füllen und die Karamellsoße vorsichtig unterrühren.

Das wird lecker.

Pinienkern Eis

	Zutaten	Menge	g	Wunschmenge
1	Pinienkerne	110,00	g	93,03
2	Honig	50,00	g	42,29
3	Orangenschale	12,00	g	10,15
4	Vollmilch	700,00	g	592,03
5	Sahne, 30% Fett	60,00	g	50,75
6	Zucker, weiß	16,00	g	13,53
7	Trockenglukose	52,00	g	43,98
8	Dextrose	70,00	g	59,20
9	Magermilchpulver	35,00	g	29,60
10	Inulin	5,00	g	4,23
11	JBK	2,36	g	2,00
12	Salz	0,01	g	0,01
13	Orangensaft	70,00	g	59,20
	Gesamt	**1182,37**	**g**	**1000,00 g**

Warme Zubereitung

Pinienkerne in einer beschichteten Pfanne vorsichtig leicht anrösten, sie dürfen nicht anbrennen.

Der Rest läuft wie immer.

Rocher (Baileys) Eis

	Zutaten	Menge	g	Wunschmenge
1	Rocher	92,00	g	117,48
2	Sahne, 30% Fett	35,00	g	44,70
3	Vollmilch	525,00	g	670,43
4	Zucker, weiß	17,00	g	21,71
5	Trockenglukose	24,00	g	30,65
6	Dextrose	47,00	g	60,02
7	Magermilchpulver	23,00	g	29,37
8	JBK	1,57	g	2,00
9	Vanilleschote	1,00	g	1,28
10	Salz	0,01	g	0,01
11	Inulin	5,00	g	6,39
12	Haselnussmus	12,50	g	15,96
	Gesamt	**783,08**	**g**	**1000,00 g**

Warme Zubereitung

Mit oder ohne?

Zur Hälfte der Zeit in der Eismaschine kann man einen guten Schuss Baileys zufügen, etwa 30g bis 50g.

Alternativ geht auch Eierlikör! Was wäre das Leben ohne Eierlikör?

Sahne Muh Muhs Eis

	Zutaten	Menge	g	Wunschmenge
1	Sahne Muh Muhs	154,00	g	121,30
2	Orangensaft	50,00	g	39,38
3	Vollmilch	800,00	g	630,14
4	Sahne, 30% Fett	100,00	g	78,77
5	Zucker, braun	9,00	g	7,09
6	Trockenglukose	35,00	g	27,57
7	Dextrose	75,00	g	59,08
8	Magermilchpulver	37,00	g	29,14
9	Inulin	4,00	g	3,15
10	JBK	2,54	g	2,00
11	Salz	0,01	g	0,01
12	Vanilleschote	3,00	g	2,36
	Gesamt	**1269,55**	g	**1000,00 g**

Warme Zubereitung

Grieß Eis

	Zutaten	Menge	g	Wunschmenge
1	Hartweizengrieß	80,00	g	88,86
2	Vanilleschote	2,00	g	2,22
3	Zitronensaft	10,00	g	11,11
4	Orangensaft	10,00	g	11,11
5	Vollmilch	515,00	g	572,03
6	Sahne, 30% Fett	125,00	g	138,84
7	Zucker, weiß	25,00	g	27,77
8	Trockenglukose	51,00	g	56,65
9	Dextrose	54,00	g	59,98
10	Magermilchpulver	26,50	g	29,43
11	Inulin	0,00	g	0,00
12	JBK	1,80	g	2,00
13	Salz	0,01	g	0,01
	Gesamt	**900,31**	**g**	**1000,00 g**

Warme Zubereitung

Anrichten mit Fruchtsoße wie z. B. Himbeere, Kirsche, Orange, Zitrone oder was immer einem einfällt. Schokoladensoße geht natürlich auch!

Popcorn Eis

	Zutaten	Menge	g	Wunschmenge
1	Popcorn	120,00	g	99,80
2	Ahornsirup	6,00	g	4,99
3	Vollmilch	775,00	g	644,54
4	Sahne, 30% Fett	100,00	g	83,17
5	Zucker, weiß	20,00	g	16,63
6	Trockenglukose	72,00	g	59,88
7	Dextrose	72,00	g	59,88
8	Magermilchpulver	35,00	g	29,11
9	JBK	2,40	g	2,00
10	Salz	0,01	g	0,01
	Gesamt	**1202,41**	g	**1000,00 g**

Warme Zubereitung

Apfel Sorbet

	Zutaten	Menge	g	Wunschmenge
1	Dextrose	74	g	59,76
2	Äpfel	750	g	605,70
3	Apfelsaft	200	g	161,52
4	Trockenglukose	120,0	g	96,91
5	Zucker, Weiß	65,0	g	52,49
6	Zitronensaft	10,0	g	8,08
7	Waldmeistersirup	8,0	g	6,46
8	JBK	1,2	g	1,00
9	Inulin	10,00	g	8,08
	Gesamt	**1238**	**g**	**1000,00 g**

Warme Zubereitung

Die Menge der Zutat Apfel versteht sich auf geschälte und entkernte Äpfel. Die Äpfel werden gewürfelt und mit dem Zitronensaft vermischt, damit sie nicht braun werden. Äpfel in Apfelsaft und Waldmeistersirup weich kochen. Alle trockenen Zutaten vermischen und zu den gekochten Äpfeln geben, verrühren, bis sich alle trockenen Zutaten aufgelöst haben. Den Waldmeistersirup kann man auch ersatzlos streichen.

Beim Erhitzen kann man auch etwas Ingwer und Zitronengras zufügen, das sorgt für ein tolles Aroma. Diese Zutaten werden nach dem Erhitzen wieder entfernt, damit sie nicht zu intensiv werden. Die Eismasse gut mixen und abkühlen lassen. Die kühlschrankkalte Eismasse mixen und in die Eismaschine geben.

Bananen Sorbet

	Zutaten	Menge	g	Wunschmenge
1	Bananen	350,00	g	499,55
2	Ahornsirup	11,19	g	15,97
3	Zitronensaft	3,73	g	5,32
4	Wasser	200,00	g	285,46
5	Zucker, weiß	35,00	g	49,96
6	Trockenglukose	50,00	g	71,36
7	Dextrose	42,00	g	59,95
8	JBK	0,70	g	1,00
9	Salz	0,01	g	0,01
10	Inulin	8,00	g	11,42
	Gesamt	**701**	**g**	**1000,00 g**

Kalte oder warme Zubereitung

Sehr reife Bananen verwenden. Bananen mit erhitzen bei der warmen Zubereitung.

Tipp: Zur Hälfte der Zeit in der Eismaschine Streusel von Zartbitterschokolade zufügen.

Birnen Vanille Sorbet mit oder ohne Portwein

	Zutaten	Menge	g	Wunschmenge
1	Birnen, frisch	130,00	g	364,79
2	Birnensaft	140,00	g	392,86
3	Zucker, weiß	20,00	g	56,12
4	Trockenglukose	42,00	g	117,86
5	JBK	0,36	g	1,00
6	Vanilleschote	1,00	g	2,81
7	Salz	0,01	g	0,03
8	Inulin	3,00	g	8,42
9	Dextrose	20,00	5	56,12
	Gesamt	**356**	**g**	**1000,00 g**

Warme Zubereitung

Sehr reife Birnen verwenden. Die Menge der Birnen versteht sich geschält und entkernt. Die Birnen würfeln und im Birnensaft weich kochen. Die trockenen Zutaten vermischen, zu den Birnen geben, Vanille dazu und verrühren, bis sich die trockenen Zutaten aufgelöst haben. Eismasse mixen, abkühlen lassen und in den Kühlschrank geben. Die kühlschrankkalte Eismasse kurz mixen und in die Eismaschine geben.

Tipp: Zur Hälfte der Zeit in der Eismaschine 30g bis 50g Portwein zufügen.

Caipirinha Sorbet

Zutaten	Menge	g	Wunschmenge
1 Wasser	380,00	g	432,37
2 Zucker, braun	200,00	g	227,56
3 Limettensaft	160,00	g	182,05
4 Trockenglukose	30,00	g	34,13
5 JBK	0,88	g	1,00
6 Zuckerrohrschnaps	100,00	g	113,78
7 Inulin	8,00	g	9,10
Gesamt	**879**	**g**	**1000,00**

Kalte oder warme Zubereitung

Dieses Sorbet kann man auf die Schnelle kalt zubereiten. Alle trockenen Zutaten vermischen, zu den flüssigen Zutaten geben, mixen, bis sich alle trockenen Zutaten aufgelöst haben und 30 bis 60 Minuten im Kühlschrank reifen lassen. Erneut mixen und ab damit in die Eismaschine.

Wer weniger Alkohol schmecken möchte, wählt die warme Zubereitung und lässt so etwas Alkohol verdunsten.

Tipp: Zur Hälfte der Zeit in der Eismaschine ein paar gehackte Minzblätter zufügen.

Campari Orangen Sorbet

	Zutaten	Menge	g	Wunschmenge
1	Dextrose	40	g	47,63
2	Orangensaft	535	g	637,03
3	Orangenschale	7	g	8,33
4	Trockenglukose	62,0	g	73,82
5	Zucker, Weiß	80,0	g	95,26
6	Campari	100,0	g	119,07
7	JBK	0,8	g	1,00
8	Zitronensaft	8,0	g	9,53
9	Inulin	7,00	g	8,33
	Gesamt	**840**	**g**	**1000,00 g**

Kalte Zubereitung

Champagner Sorbet

	Zutaten	Menge	g	Wunschmenge
1	Champagner	360,00	g	320,22
2	Orangenschale	11,11	g	9,88
3	Orangensaft	430,00	g	382,48
4	Zucker, weiß	110,00	g	97,84
5	JBK	1,13	g	1,00
6	Trockenglukose	200,00	g	177,90
7	Inulin	12,00	g	10,67
	Gesamt	**1124**	**g**	**1000,00 g**

Kalte Zubereitung

Statt Champagner kann man auch Prosecco nehmen.

Erdbeer Sorbet

	Zutaten	Menge	g	Wunschmenge
1	Erdbeeren	400,00	g	562,82
2	Erdbeersaft	150,00	g	211,06
3	Zucker, weiß	50,00	g	70,35
4	Trockenglukose	55,00	g	77,39
5	Inulin	10,00	g	14,07
6	JBK	0,70	g	1,00
7	Zitronensaft	5,00	g	7,04
8	Dextrose	40,00	g	56,28
	Gesamt	**711**	**g**	**1000,00 g**

Kalte Zubereitung

Sanddorn Sorbet mit Wodka

	Zutaten	Menge	g	Wunschmenge
1	Wasser	250	g	450,81
2	Sanddornsaft	140	g	252,45
3	Zitronenschale	5	g	9,02
4	Trockenglukose	30,0	g	54,10
5	Zucker, Weiß	90,0	g	162,29
6	Salz	0,0	g	0,01
7	JBK	0,6	g	1,00
8	Inulin	6,0	g	10,82
9	Dextrose	33,00	g	59,51
	Gesamt	**555**	**g**	**1000,00 g**

Kalte Zubereitung

Zur Hälfte der Zeit in der Eismaschine 30g bis 50g Wodka zufügen.

Grüntee Sorbet

	Zutaten	Menge	g	Wunschmenge
1	Pfefferminztee	220,00	g	346,11
2	Grüntee	220,00	g	346,11
3	Zucker, weiß	110,00	g	173,06
4	Trockenglukose	40,00	g	62,93
5	Dextrose	38,00	g	59,78
6	Inulin	7,00	g	11,01
7	JBK	0,64	g	1,00
	Gesamt	**636**	**g**	**1000,00 g**

Kalte Zubereitung

Matchatee Sorbet

	Zutaten	Menge	g	Wunschmenge
1	Matchatee	440,00	g	692,22
2	Zucker, weiß	110,00	g	173,06
3	Trockenglukose	40,00	g	62,93
4	Dextrose	38,00	g	59,78
5	Inulin	7,00	g	11,01
6	JBK	0,64	g	1,00
	Gesamt	**636**	**g**	**1000,00 g**

Kalte Zubereitung

Jasmin Matcha Sorbet

	Zutaten	Menge	g	Wunschmenge
1	Matchatee	220,00	g	346,11
2	Jasmintee	220,00	g	346,11
3	Zucker, weiß	110,00	g	173,06
4	Trockenglukose	40,00	g	62,93
5	Dextrose	38,00	g	59,78
6	Inulin	7,00	g	11,01
7	JBK	0,64	g	1,00
	Gesamt	**636**	**g**	**1000,00 g**

Kalte Zubereitung

Gin Tonic Sorbet

	Zutaten	Menge	g	Wunschmenge
1	Inulin	8	g	8,52
2	Zitronensaft	10	g	10,65
3	Zitronenschale	10	g	10,65
4	Trockenglukose	150,0	g	159,76
5	Zucker, Weiß	100,0	g	106,50
6	Tonic Wasser	600,0	g	639,02
7	Gin	50,0	g	53,25
8	Limettensaft	10,0	g	10,65
9	JBK	0,94	g	1,00
	Gesamt	**939**	**g**	**1000,00 g**

Kalte Zubereitung

Tipp: Ein paar frisch gezupfte Pfefferminzblätter zur Hälfte der Zeit in der Eismaschine zufügen.

Gurken Minze Sorbet

	Zutaten	Menge	g	Wunschmenge
1	Wasser	11,00	g	107,74
2	Salatgurke	60,00	g	587,65
3	Zitronensaft	2,00	g	19,59
4	Trockenglukose	8,00	g	78,35
5	JBK	0,10	g	1,00
6	Minze, frisch	1,00	g	9,79
7	Zucker, weiß	3,00	g	29,38
8	Dextrose	6,00	g	58,76
9	Maltodextrin	10,00		97,94
10	Inulin	1,00	g	9,79
	Gesamt	**102**	g	**1000,00 g**

Kalte Zubereitung

Die Menge der Salatgurken versteht sich ohne Schale und die kernige Mitte. Die Salatgurken also schälen, der Länge nach halbieren und die Mitte mit einem Löffel ausschaben.

Hier benutzen wir erstmals die Zutat Maltodextrin, damit das Sorbet mehr Bindung erhält und weniger süß wird.

Minze nach Geschmack einsetzen.

Honigmelonen Sorbet

	Zutaten	Menge	g	Wunschmenge
1	Wasser	55	g	79,97
2	Honigmelone	480	g	697,89
3	Zucker, weiß	50,0	g	72,70
4	Trockenglukose	50,0	g	72,70
5	Inulin	7,0	g	10,18
6	JBK	0,7	g	1,00
7	Zitronensaft	5,0	g	7,27
8	Dextrose	40,10	g	58,30
	Gesamt	**688**	g	**1000,00 g**

Kalte Zubereitung

Bei einem Sorbet braucht man die Honigmelone nicht blanchieren, denn es kann hier keine Milch sauer werden.

Hugo Sorbet

	Zutaten	Menge	g	Wunschmenge
1	Ginger-Ale	210,00	g	718,46
2	Holunderblütensirup	5,00	g	17,11
3	Minze, frisch	5,00	g	17,11
4	Dextrose	17,00	g	58,16
5	Limettensaft	5,00	g	17,11
6	Zucker, weiß	25,00	g	85,53
7	Trockenglukose	22,00	g	75,27
8	JBK	0,29	g	1,00
9	Inulin	3,00	g	10,26
	Gesamt	**292**	g	**1000,00 g**

Kalte Zubereitung

Tipp: Zur Hälfte der Zeit in der Eismaschine einen Schuss Prosecco zufügen.

Mango Sorbet

Zutaten	Menge	g	Wunschmenge
1 Mango	820,00	g	604,11
2 Wasser	240,00	g	176,81
3 Zucker, weiß	120,00	g	88,41
4 Limettensaft	11,00	g	8,10
5 Trockenglukose	70,00	g	51,57
6 Inulin	15,00	g	11,05
7 JBK	1,36	g	1,00
8 Dextrose	80,00	g	58,94
Gesamt	**1357**	**g**	**1000,00 g**

Kalte Zubereitung

Hier kann man frische Mango oder fertiges Fruchtpüree verwenden. Frische Mango muss man nicht blanchieren.

Schoko Sorbet

Zutaten	Menge	g	Wunschmenge
1 Wasser	570	g	680,32
2 Kakao	20	g	23,87
3 Halbbitter-Kuvertüre	53	g	63,26
4 Trockenglukose	60,0	g	71,61
5 Zucker, braun	75,0	g	89,52
6 Inulin	9,0	g	10,74
7 JBK	0,8	g	1,00
8 Dextrose	50,0	g	59,68
9 Salz	0,01	g	0,01
Gesamt	**838**	**g**	**1000,00 g**

Warme Zubereitung

Spickzettel für Rezepte mit Kakao berücksichtigen.

Sex On The Beach Sorbet

	Zutaten	Menge	g	Wunschmenge
1	Wasser	100,00	g	140,31
2	Zitronensaft	15,00	g	21,05
3	Monin Grenadinesirup	28,00	g	39,29
4	Ananassaft	70,00	g	98,22
5	Orangensaft	160,00	g	224,50
6	Aprikosenlikör	80,00	g	112,25
7	Zucker, weiß	80,00	g	112,25
8	Trockenglukose	48,00	g	67,35
9	Wodka	80,00	g	112,25
10	Dextrose	43,00	g	60,33
11	Inulin	8,00	g	11,22
12	JBK	0,71	g	1,00
	Gesamt	**713**	g	**1000,00**

Kalte oder warme Zubereitung

Bei der warmen Zubereitung die Zutaten mit Alkohol mit erhitzen, so wird das Ergebnis etwas weniger nach Alkohol schmecken.

Zitronen Basilikum Sorbet

	Zutaten	Menge	g	Wunschmenge
1	Wasser	340	g	534,47
2	Zitronensaft	100	g	157,20
3	Zitronenschale	5	g	7,86
4	Trockenglukose	50,0	g	78,60
5	Zucker, Weiß	90,0	g	141,48
6	Salz	0,0	g	0,01
7	JBK	0,6	g	1,00
8	Basilikumblätter	6,5	g	10,22
9	Inulin	6,0	g	9,43
10	Dextrose	38,00	g	59,74
	Gesamt	**636**	**g**	**1000,00**

Kalte oder warme Zubereitung

Streicht man die Zutat Basilikum ersatzlos, hat man ein Zitronensorbet.

Die Menge der Zutat Basilikum ist variabel, man nutzt mehr oder weniger, je nach Geschmack.

Christstollen Eis

	Zutaten	Menge	g	Wunschmenge
1	Vollmilch	400,00	g	538,72
2	Sahne, 30% Fett	190,00	g	255,89
3	Zucker, weiß	22,00	g	29,63
4	Trockenglukose	59,00	g	79,46
5	Dextrose	44,00	g	59,26
6	Magermilchpulver	22,00	g	29,63
7	JBK	1,49	g	2,00
8	Stollengewürz	4,00	g	5,39
9	Salz	0,01	g	0,01
	Gesamt	**742,50**	**g**	**1000,00 g**

Warme Zubereitung

Das Stollengewürz kann nach Bedarf erhöht oder verringert werden, ganz nach Geschmack.

Tipp: Zur Hälfte der Zeit in der Eismaschine etwas Rum zufügen oder in Rum eingelegte Rosinen.

Dominosteine Eis

	Zutaten	Menge	g	Wunschmenge
1	Dominosteine	133,00	g	124,39
2	Sahne, 30% Fett	150,00	g	140,29
3	Vollmilch	605,00	g	565,82
4	Zucker, braun	5,00	g	4,68
5	Trockenglukose	75,00	g	70,14
6	Dextrose	58,00	g	54,24
7	Magermilchpulver	30,00	g	28,06
8	Inulin	10,00	g	9,35
9	JBK	2,14	g	2,00
10	Salz	0,01	g	0,01
11	Kakao	1,10	g	1,03
	Gesamt	**1069,25**	**g**	**1000,00 g**

Warme Zubereitung

Spickzettel Input=Output beachten. Je besser die Qualität der Dominosteine, desto besser ist das Ergebnis.

Lebkuchen Eis

Zutaten	Menge	g	Wunschmenge
1 Vollmilch	400,00	g	536,57
2 Sahne, 30% Fett	190,00	g	254,87
3 Zucker, weiß	22,00	g	29,51
4 Trockenglukose	59,00	g	79,14
5 Dextrose	44,00	g	59,02
6 Magermilchpulver	22,00	g	29,51
7 JBK	1,49	g	2,00
8 Lebkuchengewürz	3,98	g	5,34
9 Kakao	2,99	g	4,01
10 Salz	0,01	g	0,01
Gesamt	**745,47**	**g**	**1000,00 g**

Warme Zubereitung

Die Zutat Lebkuchengewürz kann man nach Geschmack verringern oder erhöhen.

Tipp: Zur Hälfe der Zeit in der Eismaschine ein paar geriebene Mandeln, Hasel- oder Walnüsse oder Schokostreusel zufügen.

Marzipankartoffel Eis

	Zutaten	Menge	g	Wunschmenge
1	Marzipankartoffeln	129,00	g	123,08
2	Vanilleschote	2,00	g	1,91
3	Kirschlikör	5,00	g	4,77
4	Kakao	2,00	g	1,91
5	Vollmilch	580,00	g	553,38
6	Sahne, 30% Fett	200,00	g	190,82
7	Zucker, braun	5,00	g	4,77
8	Trockenglukose	40,00	g	38,16
9	Dextrose	63,00	g	60,11
10	Magermilchpulver	15,00	g	14,31
11	Inulin	5,00	g	4,77
12	JBK	2,10	g	2,00
	Gesamt	**1048,10**	**g**	**1000,00 g**

Warme Zubereitung

Kirschlikör kann durch Kirschsirup ersetzt werden.

Schokolade Sauerkirschen Eis mit Amaretto

	Zutaten	Menge	g	Wunschmenge
1	Edelbitter-Schokolade 70%	50,00	g	50,23
2	Kakao	30,00	g	30,14
3	Vollmilch	345,00	g	346,56
4	Sahne, 30% Fett	50,00	g	50,23
5	Zucker, braun	5,50	g	5,52
6	Trockenglukose	55,00	g	55,25
7	Dextrose	45,00	g	45,20
8	Magermilchpulver	29,00	g	29,13
9	JBK	1,99	g	2,00
10	Amarettosirup	29,00	g	29,13
11	Sauerkirschen	290,00	g	291,31
12	Frischkäse, Doppelrahm	50,00	g	50,23
13	Akazienhonig	15,00	g	15,07
	Gesamt	**995,49**	**g**	**1000,00**

Warme Zubereitung

Spickzettel für Kakao und Käse beachten.

Amarettosirup kann natürlich auch durch richtigen Amaretto ausgetauscht werden.

Die Sauerkirschen können aus dem Glas sein, wenn man sie gut abtropfen lässt.

Spekulatius Eis mit Creme

	Zutaten	Menge	g	Wunschmenge
1	Lotus Speculoos	168,00	g	91,21
2	Sahne, 30% Fett	200,00	g	108,59
3	Vollmilch	1100,00	g	597,22
4	Mascarpone	100,00	g	54,29
5	Zucker, weiß	35,00	g	19,00
6	Trockenglukose	60,00	g	32,58
7	Dextrose	110,00	g	59,72
8	Magermilchpulver	52,00	g	28,23
9	Inulin	5,00	g	2,71
10	JBK	3,68	g	2,00
11	Spekulatiusgewürz	8,00	g	4,34
12	Salz	0,20	g	0,11
	Gesamt	**1841,88**	g	**1000,00 g**

Warme Zubereitung

Zimtsterne Eis

	Zutaten	Menge	g	Wunschmenge
1	Zimtsterne	130,00	g	102,96
2	Zimt	2,00	g	1,58
3	Vanilleschote	2,00	g	1,58
4	Vollmilch	740,00	g	586,08
5	Sahne, 30% Fett	200,00	g	158,40
6	Zucker, braun	25,00	g	19,80
7	Trockenglukose	60,00	g	47,52
8	Dextrose	63,00	g	49,90
9	Magermilchpulver	35,00	g	27,72
10	Inulin	3,00	g	2,38
11	JBK	2,53	g	2,00
12	Salz	0,10	g	0,08
	Gesamt	**1262,63**	**g**	**1000,00 g**

Warme Zubereitung

Spickzettel Input=Output beachten. Zu günstige Zimtsterne können viel Bindemittel enthalten, die die Eismasse puddingartig werden lassen. Mit besserer Qualität passiert das nicht.

Mandarinen Joghurt Eis

	Zutaten	Menge	g	Wunschmenge
1	Mandarinen	600,00	g	356,35
2	Zitronensaft	10,00	g	5,94
3	Joghurt griechisch	250,00	g	148,48
4	Vollmilch	220,00	g	130,66
5	Sahne, 30% Fett	250,00	g	148,48
6	Zucker, weiß	42,00	g	24,94
7	Trockenglukose	70,00	g	41,57
8	Dextrose	103,00	g	61,17
9	Magermilchpulver	48,00	g	28,51
10	Inulin	20,00	g	11,88
11	JBK	3,37	g	2,00
12	Salz	0,02	g	0,01
13	Joghurtpulver	67,35	g	40,00
	Gesamt	**1683,74**	**g**	**1000,00 g**

Kalte Zubereitung

Hier verwenden wir erstmals eine ganz neue Zutat, nämlich Joghurtpulver. Dabei handelt es sich um sprühgetrockneten Magermilchjoghurt. Eine echte Revolution in der Eisbude, denn jetzt bekommt man mehr als die doppelte Menge Joghurtgeschmack in das Eis, da 100g Joghurtpulver 720g Joghurt entsprechen. Und das schmeckt man. Bezugsquellen gib es in der Einkaufsabteilung unter **Eis-Abitur.de** und in der Facebook Gruppe „Eis Abitur".

Als Mandarinen kann man geschälte und gemixte Früchte nehmen, damit hat man Fruchtfleisch im Eis, das sorgt für etwas Biss. Man kann aber auch nur den Saft nehmen.

Maronen Eis mit Creme

	Zutaten	Menge	g	Wunschmenge
1	Maronencreme	110,00	g	156,59
2	Lebkuchengewürz	0,75	g	1,07
3	Sahne, 30% Fett	100,00	g	142,36
4	Vollmilch	393,00	g	559,46
5	Zucker, weiß	11,00	g	15,66
6	Trockenglukose	22,00	g	31,32
7	Dextrose	39,80	g	56,66
8	Magermilchpulver	19,50	g	27,76
9	Inulin	5,00	g	7,12
10	Salz	0,01	g	0,01
11	JBK	1,41	g	2,00
	Gesamt	**702,47**	**g**	**1000,00 g**

Warme Zubereitung

Ein weiteres Highlight aus der Weihnachtskollektion. Die Zutat Lebkuchengewürz nutzt und dosiert man nach Geschmack.

Gebrannte Walnüsse Eis

	Zutaten	Menge	g	Wunschmenge
1	Gebrannte Walnüsse	65,00	g	101,54
2	Lebkuchengewürz	0,32	g	0,50
3	Sahne, 30% Fett	75,00	g	117,16
4	Vollmilch	395,00	g	617,05
5	Zucker, weiß	12,50	g	19,53
6	Trockenglukose	27,00	g	42,18
7	Dextrose	38,43	g	60,03
8	Magermilchpulver	19,00	g	29,68
9	Inulin	3,00	g	4,69
10	JBK	1,28	g	2,00
11	Salz	0,01	g	0,02
12	Ahornsirup	3,60	g	5,62
	Gesamt	**640,14**	**g**	**1000,00**

Warme oder kalte Zubereitung

Die Walnüsse kann man mit dem Ahornsirup in einer beschichteten Pfanne leicht karamellisieren, sie kommen erst nach dem Abkühlen in die Eismasse. Eismasse gut mixen.

Gebrannte Mandeln Eis - Mit oder ohne Eierlikör!

	Zutaten	Menge	g	Wunschmenge
1	Gebrannte Mandeln	66,00	g	101,36
2	Lebkuchengewürz	0,33	g	0,51
3	Sahne, 30% Fett	75,00	g	115,18
4	Zucker, weiß	10,00	g	15,36
5	Trockenglukose	25,00	g	38,39
6	Dextrose	39,00	g	59,90
7	Magermilchpulver	19,00	g	29,18
8	Inulin	4,00	g	6,14
9	JBK	1,30	g	2,00
10	Salz	3,00	g	4,61
11	Honig	3,50	g	5,38
12	Vollmilch	405,00	g	622,00
	Gesamt	**651,13**	**g**	**1000,00 g**

Warme oder kalte Zubereitung

Vanille Eis mit Ei

	Zutaten	Menge	g	Wunschmenge
1	Vanilleschote	5,00	g	5,00
2	Eigelb	120,00	g	120,12
3	Vollmilch	550,00	g	550,55
4	Sahne, 30% Fett	125,00	g	125,12
5	Zucker, weiß	65,00	g	65,06
6	Trockenglukose	43,00	g	43,04
7	Dextrose	60,00	g	60,06
8	Magermilchpulver	30,00	g	30,03
9	Salz	0,01	g	0,01
10	JBK	1,00	g	1,00
	Gesamt	**999,01**	**g**	**1000,00 g**

Warme Zubereitung

Hier wird ein neuer Spickzettel nötig:

Ein Lebensmittelthermometer leistet uns hier gute Dienste, denn das Ei darf nicht stocken wenn die Eismasse zu heiß wird und sie dickt nicht an, wenn die Eismasse nicht heiß genug ist. Mit etwas Übung ist Eis mit Ei aber leicht herzustellen.

Die in den Rezepten angegebene Zutat JBK ist eine Hilfe bei der Lagerung in der Tiefkühle. Die Eismasse erhält so mehr Bindung, ohne JBK wird das Eis bei -18°C etwas bockiger.

Wir nutzen hier nur Johannisbrotkernmehl und Guarkernmehl, deren Kinder Pektin und Lecithin lassen wir weg.

Schokoladen Eis mit Ei

	Zutaten	Menge	g	Wunschmenge
1	Edelbitter-Schokolade 70%	86,00	g	72,01
2	Kakao	6,00	g	5,02
3	Vollmilch	720,00	g	602,91
4	Sahne, 30% Fett	50,00	g	41,87
5	Zucker, braun	44,00	g	36,84
6	Trockenglukose	44,00	g	36,84
7	Dextrose	72,00	g	60,29
8	Magermilchpulver	36,00	g	30,15
9	Eigelb	135,00	g	113,05
10	Salz	0,01	g	0,01
11	JBK	1,19	g	1,00
	Gesamt	**1194,20**	**g**	**1000,00 g**

Warme Zubereitung

Weißes Schokoladen Eis mit Ei

	Zutaten	Menge	g	Wunschmenge
1	Schokolade, weiß	85,00	g	77,49
2	Vollmilch	670,00	g	610,81
3	Sahne, 30% Fett	50,00	g	45,58
4	Zucker, weiß	40,00	g	36,47
5	Trockenglukose	50,00	g	45,58
6	Dextrose	65,80	g	59,99
7	Eigelb	135,00	g	123,07
8	Salz	0,01	g	0,01
9	JBK	1,10	g	1,00
	Gesamt	**1096,91**	**g**	**1000,00 g**

Warme Zubereitung

Orangen Schokolade Eis mit Ei

	Zutaten	Menge	g	Wunschmenge
1	Orangenkuvertüre	91,00	g	82,57
2	Vollmilch	670,00	g	607,92
3	Sahne, 30% Fett	50,00	g	45,37
4	Zucker, weiß	34,00	g	30,85
5	Trockenglukose	55,00	g	49,90
6	Dextrose	66,00	g	59,89
7	Eigelb	135,00	g	122,49
8	Salz	0,01	g	0,01
9	JBK	1,10	g	1,00
	Gesamt	**1102,11**	**g**	**1000,00 g**

Warme Zubereitung

Bratapfel Eis

	Zutaten	Menge	g	Wunschmenge
1	Boskop	540,00	g	299,25
2	Cranberries	25,00	g	13,85
3	Walnuss	25,00	g	13,85
4	Ahornsirup	32,00	g	17,73
5	Mandeln	25,00	g	13,85
6	Vollmilch	540,00	g	299,25
7	Sahne, 30% Fett	100,00	g	55,42
8	Trockenglukose	95,00	g	52,65
9	Dextrose	110,00	g	60,96
10	Eigelb	220,00	g	121,92
11	Magermilchpulver	44,00	g	24,38
12	Zucker, braun	22,00	g	12,19
13	Zitronensaft	6,50	g	3,60
14	Marzipan	20,00	g	11,08
	Gesamt	**1804,50**	**g**	**1000,00 g**

Warme Zubereitung

Eierlikör Eis mit Ei

	Zutaten	Menge	g	Wunschmenge
1	Eierlikör	430,00	g	207,52
2	Eigelb	210,00	g	101,35
3	Sahne, 30% Fett	250,00	g	120,65
4	Vollmilch	940,00	g	453,65
5	Trockenglukose	40,00	g	19,30
6	Dextrose	70,00	g	33,78
7	Magermilchpulver	70,00	g	33,78
8	Zucker, weiß	60,00	g	28,96
9	Salz	0,02	g	0,01
10	JBK	2,07	g	1,00
	Gesamt	**2072,09**	**g**	**1000,00 g**

Warme Zubereitung

Die Eismasse bereiten wir ohne den Eierlikör zu. Diesen fügen wir der Eismasse nach dem Abkühlen, vor der Eismaschine, zu.

Erdbeeren Joghurt Eis

	Zutaten	Menge	g	Wunschmenge
1	Erdbeeren	190,00	g	351,28
2	Zitronensaft	4,00	g	7,40
3	Joghurt griechisch	150,00	g	277,32
4	Vollmilch	30,00	g	55,46
5	Sahne, 30% Fett	40,00	g	73,95
6	Zucker, weiß	8,80	g	16,27
7	Trockenglukose	39,00	g	72,10
8	Dextrose	32,00	g	59,16
9	Magermilchpulver	16,20	g	29,95
10	Joghurtpulver	21,80	g	40,30
11	JBK	1,08	g	2,00
12	Inulin	8,00	g	14,79
13	Salz	0,01	g	0,01
	Gesamt	**540,89**	**g**	**1000,00 g**

Kalte Zubereitung

Alle Zutaten abwiegen, mischen, mixen, 30 bis 60 Minuten im Kühlschrank reifen lassen und ab damit in die Eismaschine. Mit Zitronensaft pürierte Früchte oben drauf und schon geht's los. Das gilt für alle Joghurt Eis Rezepte. Wunderbar einfach und schnell.

Himbeeren Joghurt Eis

	Zutaten	Menge	g	Wunschmenge
1	Himbeeren	185,00	g	346,26
2	Zitronensaft	4,00	g	7,49
3	Joghurt griechisch	150,00	g	280,75
4	Vollmilch	30,00	g	56,15
5	Sahne, 30% Fett	40,00	g	74,87
6	Zucker, weiß	11,80	g	22,09
7	Trockenglukose	36,00	g	67,38
8	Dextrose	32,00	g	59,89
9	Magermilchpulver	16,00	g	29,95
10	Joghurtpulver	21,40	g	40,05
11	JBK	1,07	g	2,00
12	Inulin	7,00	g	13,10
13	Salz	0,01	g	0,01
	Gesamt	**534,28**	**g**	**1000,00**

Kalte Zubereitung

Wer die Kerne der Himbeeren nicht im Eis haben möchte, muss die Früchte passieren. Die Mengenangabe bezieht sich dann auf die passierten Himbeeren.

Bananen Joghurt Eis

	Zutaten	Menge	g	Wunschmenge
1	Bananen	190,00	g	321,55
2	Zitronensaft	4,00	g	6,77
3	Joghurt griechisch	150,00	g	253,85
4	Vollmilch	100,00	g	169,24
5	Sahne, 30% Fett	40,00	g	67,69
6	Zucker, weiß	7,20	g	12,19
7	Trockenglukose	18,50	g	31,31
8	Dextrose	36,00	g	60,93
9	Magermilchpulver	13,00	g	22,00
10	Joghurtpulver	24,00	g	40,62
11	JBK	1,19	g	2,01
12	Inulin	7,00	g	11,85
13	Salz	0,01	g	0,01
	Gesamt	**590,89**	**g**	**1000,00 g**

Kalte Zubereitung

Joghurt Pur Eis

	Zutaten	Menge	g	Wunschmenge
1	Joghurt griechisch	260,00	g	354,71
2	Zitronensaft	5,20	g	7,09
3	Vollmilch	250,00	g	341,07
4	Sahne, 30% Fett	50,00	g	68,21
5	Zucker, weiß	21,50	g	29,33
6	Trockenglukose	41,50	g	56,62
7	Dextrose	44,00	g	60,03
8	Magermilchpulver	22,00	g	30,01
9	Joghurtpulver	29,32	g	40,00
10	Inulin	8,00	g	10,91
11	JBK	1,47	g	2,00
	Gesamt	**732,99**	**g**	**1000,00**

Kalte Zubereitung

Orangen Joghurt Eis

	Zutaten	Menge	g	Wunschmenge
1	Orangensaft	158,00	g	292,83
2	Joghurt griechisch	108,00	g	200,16
3	Vollmilch	102,00	g	189,04
4	Sahne, 30% Fett	50,00	g	92,67
5	Trockenglukose	26,00	g	48,19
6	Dextrose	32,00	g	59,31
7	Magermilchpulver	16,00	g	29,65
8	Joghurtpulver	21,58	g	40,00
9	Inulin	9,90	g	18,35
10	JBK	1,08	g	2,00
11	Salz	0,01	g	0,01
12	Zucker, weiß	15,00	g	27,80
	Gesamt	**539,57**	**g**	**1000,00 g**

Kalte Zubereitung

Heidelbeeren Joghurt Eis

	Zutaten	Menge	g	Wunschmenge
1	Heidelbeeren	190,00	g	355,42
2	Zitronensaft	4,00	g	7,48
3	Joghurt griechisch	150,00	g	280,60
4	Vollmilch	30,00	g	56,12
5	Sahne, 30% Fett	40,00	g	74,83
6	Zucker, weiß	7,20	g	13,47
7	Trockenglukose	35,00	g	65,47
8	Dextrose	32,00	g	59,86
9	Magermilchpulver	16,50	g	30,87
10	Joghurtpulver	21,80	g	40,78
11	JBK	1,07	g	2,00
12	Inulin	7,00	g	13,09
13	Salz	0,01	g	0,01
	Gesamt	**534,58**	**g**	**1000,00 g**

Kalte Zubereitung

Kirschen Joghurt Eis

	Zutaten	Menge	g	Wunschmenge
1	Kirschen	190,00	g	363,53
2	Zitronensaft	4,00	g	7,65
3	Joghurt griechisch	150,00	g	287,00
4	Vollmilch	30,00	g	57,40
5	Sahne, 30% Fett	40,00	g	76,53
6	Zucker, weiß	7,20	g	13,78
7	Trockenglukose	25,00	g	47,83
8	Dextrose	31,50	g	60,27
9	Magermilchpulver	16,00	g	30,61
10	Joghurtpulver	20,90	g	39,99
11	JBK	1,05	g	2,01
12	Inulin	7,00	g	13,39
13	Salz	0,01	g	0,01
	Gesamt	**522,66**	**g**	**1000,00 g**

Kalte Zubereitung

Passionsfrucht Joghurt Eis

	Zutaten	Menge	g	Wunschmenge
1	Passionsfrucht	165,00	g	337,84
2	Zitronensaft	4,00	g	8,19
3	Joghurt griechisch	140,00	g	286,66
4	Vollmilch	30,00	g	61,43
5	Sahne, 30% Fett	40,00	g	81,90
6	Zucker, weiß	6,00	g	12,29
7	Trockenglukose	28,50	g	58,36
8	Dextrose	29,50	g	60,40
9	Magermilchpulver	18,00	g	36,86
10	Joghurtpulver	19,41	g	39,74
11	JBK	0,98	g	2,00
12	Inulin	7,00	g	14,33
13	Salz	0,01	g	0,01
	Gesamt	**488,39**	**g**	**1000,00 g**

Kalte Zubereitung

Mango Joghurt Eis

	Zutaten	Menge	g	Wunschmenge
1	Mango	190,00	g	365,00
2	Zitronensaft	4,00	g	7,68
3	Joghurt griechisch	150,00	g	288,16
4	Vollmilch	30,00	g	57,63
5	Sahne, 30% Fett	40,00	g	76,84
6	Zucker, weiß	7,20	g	13,83
7	Trockenglukose	23,00	g	44,18
8	Dextrose	31,50	g	60,51
9	Magermilchpulver	16,00	g	30,74
10	Joghurtpulver	20,80	g	39,96
11	JBK	1,04	g	2,00
12	Inulin	7,00	g	13,45
13	Salz	0,01	g	0,01
	Gesamt	**520,55**	**g**	**1000,00 g**

Kalte Zubereitung

Spickzettel für frische Früchte beachten, die blanchiert werden müssen!

Pfirsich Joghurt Eis

	Zutaten	Menge	g	Wunschmenge
1	Pfirsich, frisch	175,00	g	368,61
2	Zitronensaft	4,00	g	8,43
3	Joghurt griechisch	120,00	g	252,76
4	Vollmilch	30,00	g	63,19
5	Sahne, 30% Fett	40,00	g	84,25
6	Zucker, weiß	7,80	g	16,43
7	Trockenglukose	29,00	g	61,08
8	Dextrose	28,00	g	58,98
9	Magermilchpulver	14,00	g	29,49
10	Joghurtpulver	19,00	g	40,02
11	JBK	0,95	g	2,00
12	Inulin	7,00	g	14,74
13	Salz	0,01	g	0,01
	Gesamt	**474,76**	**g**	**1000,00 g**

Kalte Zubereitung

Frische Pfirsiche lassen sich gut schälen, wenn man sie kurz blanchiert.

Brombeeren Joghurt Eis

	Zutaten	Menge	g	Wunschmenge
1	Brombeeren	180,00	g	364,38
2	Zitronensaft	4,00	g	8,10
3	Joghurt griechisch	120,00	g	242,92
4	Vollmilch	30,00	g	60,73
5	Sahne, 30% Fett	40,00	g	80,97
6	Zucker, weiß	20,00	g	40,49
7	Trockenglukose	29,00	g	58,71
8	Dextrose	28,00	g	56,68
9	Magermilchpulver	15,00	g	30,36
10	Joghurtpulver	20,00	g	40,49
11	JBK	0,99	g	2,00
12	Inulin	7,00	g	14,17
13	Salz	0,01	g	0,01
	Gesamt	**494,00**	**g**	**1000,00 g**

Kalte Zubereitung

Holunderbeeren Joghurt Eis

	Zutaten	Menge	g	Wunschmenge
1	Holunderbeeren	210,00	g	380,08
2	Zitronensaft	4,00	g	7,24
3	Joghurt griechisch	120,00	g	217,19
4	Vollmilch	57,00	g	103,17
5	Sahne, 30% Fett	40,00	g	72,40
6	Zucker, weiß	20,00	g	36,20
7	Trockenglukose	23,40	g	42,35
8	Dextrose	33,00	g	59,73
9	Magermilchpulver	15,00	g	27,15
10	Joghurtpulver	22,00	g	39,82
11	JBK	1,11	g	2,00
12	Inulin	7,00	g	12,67
13	Salz	0,01	g	0,01
	Gesamt	**552,51**	**g**	**1000,00 g**

Kalte Zubereitung

Die Holunderbeeren sollte man zuvor in etwas Rotwein mit einer Zimtstange und Nelken 10 Minuten kochen. Die Nelken und die Zimtstange kommen nicht mit ins Eis. Abkühlen lassen und das Eis kalt zubereiten.

Tipp:

Holunderbeeren immer kochen, im rohen Zustand bereiten sie Übelkeit. Also keine rohen Beeren als Deko verwenden.

Aprikosen Joghurt Eis

	Zutaten	Menge	g	Wunschmenge
1	Aprikosen	200,00	g	392,14
2	Zitronensaft	4,00	g	7,84
3	Joghurt griechisch	120,00	g	235,28
4	Vollmilch	32,00	g	62,74
5	Sahne, 30% Fett	40,00	g	78,43
6	Zucker, weiß	16,00	g	31,37
7	Trockenglukose	25,00	g	49,02
8	Dextrose	30,00	g	58,82
9	Magermilchpulver	15,00	g	29,41
10	Joghurtpulver	20,00	g	39,21
11	JBK	1,02	g	2,00
12	Inulin	7,00	g	13,72
13	Salz	0,01	g	0,01
	Gesamt	**510,03**	**g**	**1000,00 g**

Kalte Zubereitung

Ananas Joghurt Eis

	Zutaten	Menge	g	Wunschmenge
1	Ananas	180,00	g	357,99
2	Zitronensaft	4,00	g	7,96
3	Joghurt griechisch	140,00	g	278,44
4	Vollmilch	30,00	g	59,66
5	Sahne, 30% Fett	40,00	g	79,55
6	Zucker, weiß	6,00	g	11,93
7	Trockenglukose	28,50	g	56,68
8	Dextrose	29,50	g	58,67
9	Magermilchpulver	15,00	g	29,83
10	Joghurtpulver	21,80	g	43,36
11	JBK	1,01	g	2,00
12	Inulin	7,00	g	13,92
13	Salz	0,01	g	0,01
	Gesamt	**502,81**	**g**	**1000,00 g**

Kalte Zubereitung

Frische Ananas blanchieren!

Grapefruit Joghurt Eis

	Zutaten	Menge	g	Wunschmenge
1	Grapefruit	150,00	g	326,14
2	Zitronensaft	4,00	g	8,70
3	Joghurt griechisch	130,00	g	282,66
4	Vollmilch	30,00	g	65,23
5	Sahne, 30% Fett	40,00	g	86,97
6	Zucker, weiß	20,50	g	44,57
7	Trockenglukose	17,00	g	36,96
8	Dextrose	28,00	g	60,88
9	Magermilchpulver	14,00	g	30,44
10	Joghurtpulver	18,50	g	40,22
11	JBK	0,92	g	2,00
12	Inulin	7,00	g	15,22
13	Salz	0,01	g	0,01
	Gesamt	**459,92**	**g**	**1000,00 g**

Kalte Zubereitung

Man kann nur den Saft der Grapefruit nutzen oder man püriert die geschälte Frucht. Das Fruchtfleisch sorgt für etwas Biss im Eis. Jeder mag das nicht. Wer es fein mag, nimmt nur den Saft.

Limetten Joghurt Eis

	Zutaten	Menge	g	Wunschmenge
1	Limettensaft	190,00	g	380,15
2	Zitronensaft	4,00	g	8,00
3	Joghurt griechisch	140,00	g	280,11
4	Vollmilch	30,00	g	60,02
5	Sahne, 30% Fett	40,00	g	80,03
6	Zucker, weiß	7,80	g	15,61
7	Trockenglukose	15,00	g	30,01
8	Dextrose	30,00	g	60,02
9	Magermilchpulver	15,00	g	30,01
10	Joghurtpulver	20,00	g	40,02
11	JBK	1,00	g	2,00
12	Inulin	7,00	g	14,01
13	Salz	0,01	g	0,01
	Gesamt	**499,81**	**g**	**1000,00 g**

Kalte Zubereitung

Zitronen Joghurt Eis

	Zutaten	Menge	g	Wunschmenge
1	Limettensaft	4,00	g	9,40
2	Zitronensaft	110,00	g	258,61
3	Joghurt griechisch	140,00	g	329,14
4	Vollmilch	30,00	g	70,53
5	Sahne, 30% Fett	40,00	g	94,04
6	Zucker, weiß	24,50	g	57,60
7	Trockenglukose	15,00	g	35,26
8	Dextrose	25,00	g	58,77
9	Magermilchpulver	12,00	g	28,21
10	Joghurtpulver	17,00	g	39,97
11	JBK	0,85	g	2,00
12	Inulin	7,00	g	16,46
13	Salz	0,01	g	0,01
	Gesamt	**425,36**	**g**	**1000,00 g**

Kalte Zubereitung

Walnuss Honig Joghurt Eis

	Zutaten	Menge	g	Wunschmenge
1	Walnuss	77,00	g	77,86
2	Honig	26,00	g	26,29
3	Joghurt griechisch	170,00	g	171,89
4	Vollmilch	500,00	g	505,57
5	Sahne, 30% Fett	40,00	g	40,45
6	Zucker, weiß	12,00	g	12,13
7	Trockenglukose	26,00	g	26,29
8	Dextrose	60,00	g	60,67
9	Magermilchpulver	26,00	g	26,29
10	Joghurtpulver	40,00	g	40,45
11	JBK	1,98	g	2,00
12	Inulin	10,00	g	10,11
13	Salz	0,01	g	0,01
	Gesamt	**988,99**	**g**	**1000,00 g**

Kalte Zubereitung

Die Nüsse kann man in einer beschichteten Pfanne vorsichtig anrösten oder in etwas zusätzlichem Honig karamellisieren.

Haselnuss Joghurt Eis

	Zutaten	Menge	g	Wunschmenge
1	Haselnussmus	81,00	g	81,82
2	Ahornsirup	20,00	g	20,20
3	Joghurt griechisch	170,00	g	171,72
4	Vollmilch	500,00	g	505,06
5	Sahne, 30% Fett	40,00	g	40,40
6	Zucker, weiß	15,00	g	15,15
7	Trockenglukose	26,00	g	26,26
8	Dextrose	60,00	g	60,61
9	Magermilchpulver	26,00	g	26,26
10	Joghurtpulver	40,00	g	40,40
11	JBK	1,98	g	2,00
12	Inulin	10,00	g	10,10
13	Salz	0,01	g	0,01
	Gesamt	**989,99**	**g**	**1000,00 g**

Kalte Zubereitung

Man kann auch geröstete Haselnusskerne benutzen, die man sehr fein mixen muss.

Pistazien Joghurt Eis

	Zutaten	Menge	g	Wunschmenge
1	Pistazien, ungesalzen	83,00	g	83,67
2	Ahornsirup	20,00	g	20,16
3	Joghurt griechisch	170,00	g	171,37
4	Vollmilch	500,00	g	504,04
5	Sahne, 30% Fett	40,00	g	40,32
6	Zucker, weiß	15,00	g	15,12
7	Trockenglukose	26,00	g	26,21
8	Dextrose	60,00	g	60,48
9	Magermilchpulver	26,00	g	26,21
10	Joghurtpulver	40,00	g	40,32
11	JBK	1,98	g	2,00
12	Inulin	10,00	g	10,08
13	Salz	0,01	g	0,01
	Gesamt	**991,99**	**g**	**1000,00 g**

Kalte Zubereitung

Man kann auch Pistazienmus verwenden.

Rhabarber Joghurt Eis

	Zutaten	Menge	g	Wunschmenge
1	Rhabarber	166,00	g	346,36
2	Zitronensaft	4,00	g	8,35
3	Joghurt griechisch	120,00	g	250,38
4	Vollmilch	28,00	g	58,42
5	Sahne, 30% Fett	40,00	g	83,46
6	Zucker, weiß	22,50	g	46,95
7	Trockenglukose	28,00	g	58,42
8	Dextrose	28,80	g	60,09
9	Magermilchpulver	15,00	g	31,30
10	Joghurtpulver	19,00	g	39,64
11	JBK	0,96	g	2,00
12	Inulin	7,00	g	14,61
13	Salz	0,01	g	0,01
	Gesamt	**479,27**	**g**	**1000,00 g**

Kalte Zubereitung

Rhabarber schälen, in 2cm lange Stücke schneiden, mit etwas Butter, Zucker, braunem Zucker andünsten bis er weich ist. Man kann auch etwas Vanille zufügen. Abkühlen lassen und pürieren.

Danach das Eis wie gewohnt zubereiten.

Johannisbeeren Joghurt Eis

	Zutaten	Menge	g	Wunschmenge
1	Johannisbeeren	200,00	g	342,95
2	Zitronensaft	4,00	g	6,86
3	Joghurt griechisch	155,00	g	265,79
4	Vollmilch	60,00	g	102,89
5	Sahne, 30% Fett	40,00	g	68,59
6	Zucker, weiß	20,00	g	34,30
7	Trockenglukose	27,00	g	46,30
8	Dextrose	30,00	g	51,44
9	Magermilchpulver	15,00	g	25,72
10	Joghurtpulver	24,00	g	41,15
11	JBK	1,17	g	2,00
12	Inulin	7,00	g	12,00
13	Salz	0,01	g	0,01
	Gesamt	**583,17**	**g**	**1000,00 g**

Kalte Zubereitung

Wer die Kerne der Johannisbeeren nicht im Eis haben möchte, muss die Früchte passieren. Die Mengenangabe bezieht sich dann auf die passierten Johannisbeeren.

Stachelbeeren Joghurt Eis

	Zutaten	Menge	g	Wunschmenge
1	Stachelbeeren	170,00	g	312,16
2	Zitronensaft	4,00	g	7,34
3	Joghurt griechisch	140,00	g	257,07
4	Vollmilch	70,00	g	128,54
5	Sahne, 30% Fett	40,00	g	73,45
6	Zucker, weiß	15,00	g	27,54
7	Trockenglukose	26,00	g	47,74
8	Dextrose	33,00	g	60,60
9	Magermilchpulver	16,50	g	30,30
10	Joghurtpulver	22,00	g	40,40
11	JBK	1,09	g	2,00
12	Inulin	7,00	g	12,85
13	Salz	0,01	g	0,01
	Gesamt	**544,60**	**g**	**1000,00 g**

Kalte Zubereitung

Stachelbeeren mit Zitronensaft gut pürieren. Wenn sie sehr sauer sind, ruhig noch etwas extra Zucker zufügen.

Pflaumen Joghurt Eis

Zutaten	Menge	g	Wunschmenge
1 Pflaumen	173,00	g	315,92
2 Zitronensaft	4,00	g	7,30
3 Joghurt griechisch	140,00	g	255,66
4 Vollmilch	70,00	g	127,83
5 Sahne, 30% Fett	40,00	g	73,05
6 Zucker, weiß	15,00	g	27,39
7 Trockenglukose	26,00	g	47,48
8 Dextrose	33,00	g	60,26
9 Magermilchpulver	16,50	g	30,13
10 Joghurtpulver	22,00	g	40,18
11 JBK	1,10	g	2,00
12 Inulin	7,00	g	12,78
13 Salz	0,01	g	0,01
Gesamt	**547,60**	**g**	**1000,00 g**

Kalte Zubereitung

Pflaumen entkernen und mixen. Sehr reife Früchte verwenden.

Sanddorn Joghurt Eis

	Zutaten	Menge	g	Wunschmenge
1	Limettensaft	4,00	g	9,48
2	Sanddornsaft	110,00	g	260,76
3	Joghurt griechisch	140,00	g	331,87
4	Vollmilch	30,00	g	71,12
5	Sahne, 30% Fett	40,00	g	94,82
6	Zucker, weiß	21,00	g	49,78
7	Trockenglukose	15,00	g	35,56
8	Dextrose	25,00	g	59,26
9	Magermilchpulver	12,00	g	28,45
10	Joghurtpulver	17,00	g	40,30
11	JBK	0,85	g	2,00
12	Inulin	7,00	g	16,59
13	Salz	0,01	g	0,01
	Gesamt	**421,85**	**g**	**1000,00 g**

Kalte Zubereitung

Bilanzieren

Jetzt wird es spannend. Wir wollen nun das Bilanzieren erlernen. Das geht eigentlich ganz einfach, wenn man einmal weiß wie es funktioniert. Wir bilanzieren unsere Rezepte mit einer feinen Tabellenkalkulation, unserer „Eisbilanz".

In unserer Facebook-Gruppe „Eis Abitur" findet Ihr in dem Bereich „Dateien" immer die aktuelle Eisbilanz zum Download. Die Datei ist eine Exceltabelle. Sie funktioniert aber auch mit anderen Programmen wie „Open Office", „Google Tabellen" und auf Apple Geräten mit dem Programm „Numbers".

Am besten lädt man sich die Datei auf einen PC, Laptop oder ein Tablet. Sie funktioniert auch auf dem Smartphone mit einer entsprechenden App. Das Arbeiten auf dem Smartphone ist allerdings etwas fummelig.

Normal funktioniert der Download reibungslos. Mit dem Smartphone kann es jedoch zu Problemen kommen, man findet die Datei mitunter nicht nach dem Download. Das liegt daran, dass manche Geräte die Datei erst anzeigen, wenn sie nach dem Download neu gestartet werden. Im Bereich „Eigene Dateien" müsste man sie unter „Download" nach einem Neustart aber finden.

Tippt man die Datei nun an und hat eine App wie Excel, Open Office, Numbers oder Google Tabellen auf dem Gerät installiert, sollte sich die Datei nun öffnen und bearbeiten lassen.

In hartnäckigen Fällen findet man die Datei aber trotz Neustart nicht oder sie lässt sich nicht öffnen. Das könnte daran liegen, dass das Gerät die Datei für ein EBook hält. Doch keine Panik, das Problem löst Ihr mit einer E-Mail an Datei@Eis-Abitur.de. In den Betreff einfach das Wort „Eisbilanz" schreiben und Ihr bekommt die aktuelle Datei als Antwort kostenlos zugeschickt. Nun lässt sie sich problemlos öffnen. Sollte das auch nicht klappen, einfach mal kurz in der Facebook Gruppe um Hilfe bitten.

Ist die Datei einsatzbereit, können wir schon loslegen. Nach dem Starten der Datei landet man im Normalfall auf dem Arbeitsblatt „Inhalt". Hier findet man alle unsere Rezepte, die nur angeklickt werden und man sofort zum gewünschten Rezept geleitet wird. Wir wollen aber nun das Arbeitsblatt wechseln, um das Bilanzieren zu erlernen. Dazu finden wir auf dem Bildschirm ganz unten neben dem Arbeitsblatt „Inhalt" das Arbeitsblatt „Bilanzieren Kurs", das blau hinterlegt ist. Dort klicken wir einmal drauf und schon sind wir mitten im Kurs und haben das Bilanzieren fast erlernt.

Wir benötigen neben der Tabellenkalkulation unsere Spickzettel für die Bilanzierung. Diese findet Ihr am Ende unseres Klassenbuches noch einmal gesammelt hintereinander weg und in der Eisbilanz findet Ihr das Arbeitsblatt „Spickzettel Bilanz". Fotografiert sie, druckt sie aus und legt sie bereit zum Spicken.

Zunächst interessieren uns in der geöffneten Eisbilanz auf dem Arbeitsblatt „Bilanzieren Kurs" die grünen Felder in der Spalte F in den Zeilen 1 und 2. Dort steht das Wort „Wunschmenge" und darunter der Wert „1000". Das bedeutet, dass wir ein Rezept kalkulieren, das am Ende eine Menge von 1.000g hat, so wie wir es aus unseren Rezepten schon kennen. Es ist am einfachsten, immer mit der Wunschmenge 1000 zu kalkulieren, das rechnet sich leichter und passt gut zu unseren Spickzetteln, die sich mit Mengenangaben immer auf 1.000g beziehen.

Jedes Arbeitsblatt mit unseren Rezepten hat in der Spalte F den grünen Bereich „Wunschmenge". Wer seine Eismaschine am Ende nur mit 750g füllen möchte oder mit 1.500g, überschreibt einfach den Wert „1000" mit seiner Wunschmenge und schon werden alle Zutaten aller Rezepte auf diesem Arbeitsblatt entsprechend umgerechnet. Alles klar?

Dann machen wir mal weiter. Sehen wir uns die Tabelle an, die mit „Bilanz 1" betitelt ist. Dort ist Platz für ein Rezept, eine Bilanz, mit 14 Zutaten. Jetzt stehen dort nur die Zutaten „Wasser" und rechts neben der ersten Zutat „Wasser" in der Spalte „D" die Beschriftung „Menge", in der der Wert „1" eingetragen ist. In dieser Spalte D, unter „Menge" kalkulieren wir unser Eis. Alle Werte, die wir dort eintragen, werden automatisch auf unsere Wunschmenge umgerechnet.

Derzeit haben wir also nur eine Zutat mit einer Menge belegt, nämlich „Wasser" mit dem Wert „1g". Umgerechnet auf 1.000g Eismasse hat unser Rezept 1.000g Wasser als Inhalt, also ein 1A Wassereis. Schmecken wird das nicht, weshalb wir nun ein Erdbeeren Joghurt Eis daraus machen. Seid Ihr bereit?

Alle Zutaten, die wir für unser Erdbeeren Joghurt Eis benötigen, kennt die Tabelle schon. Unter den Arbeitsblättern ganz unten auf dem Bildschirm gibt es das Arbeitsblatt „Zutatenliste", dort sind alle Zutaten hinterlegt und dort kann man auch neue Zutaten einfügen. Aber dazu kommen wir später.

Wir überlegen uns nun, was wir für unser Rezept brauchen. Auf jeden Fall brauchen wir Erdbeeren und Joghurt, wir wählen hier Joghurt 3,5% Fett. Das sind unsere Geschmacksträger. Darüber hinaus benötigen wir Vollmilch, Sahne, Zucker, Trockenglukose, Dextrose, Magermilchpulver, Inulin und JBK. Am Ende auch noch die übliche Prise Salz. Wir wissen bereits, dass ein Joghurt Eis auch Joghurtpulver enthalten muss, um richtig lecker zu sein und was macht den Joghurt frisch? Etwas Zitronensaft. Den Zitronensaft zählen wir zu den Geschmacksträgern und das Joghurtpulver packen wir unter das Magermilchpulver in der Bilanz. Wir sortieren also unsere Zutaten wie ein Skatblatt, um die Übersicht zu behalten.

Die nächste Tabelle „Bilanz 2" zeigt uns das. Wir überschreiben dazu den Wert „Wasser" in Spalte „C" mit unseren Zutaten. Dabei muss man aufpassen, dass die Zutaten richtig geschrieben werden. Ändert man z.B. die Zutat „Vollmilch" und schreibt stattdessen „Volllmilch", meckert die Tabelle und schreibt den Wert „#NV" in die Kalkulation in die entsprechenden Spalten unter den

Bereichen „Wasser", „Zucker", „Fett", „Trockenmasse" und „Kalorien". „NV" sagt uns, dass unsere Tabelle diese Zutat nicht kennt. Sie ist also entweder falsch geschrieben oder die Zutat muss erst noch angelegt werden. Die richtige Schreibweise muss man etwas üben. Einfach „Zucker" wird nichts, die Zutat heißt „Zucker, weiß". Das Komma und die Leertaste nicht vergessen. Mit etwas Übung hat man damit keine Probleme, zur Not schaut man auf das Arbeitsblatt „Zutatenliste" und sieht die dort hinterlegte Schreibweise.

Wir ändern nun die Zutat „Volllmilch" wieder in „Vollmilch" und die Tabelle meckert nicht mehr. Nun haben wir aus unserem Wassereis ein Erdbeereneis gemacht, das zu 100% aus Erdbeeren besteht. Das wird uns auch nicht gefallen, deshalb kalkulieren wir nun die anderen Zutaten hinzu. In der „Bilanz 2" ist das schon erledigt, Ihr müsst also selbst nichts eintragen oder ändern, es wird hier nur erklärt, was, warum gemacht wurde.

1g Erdbeeren liefert keinen großen Geschmack. Richtig erdbeerig wird es, wenn wir so viel Erdbeeren wie möglich in das Eis bekommen. Bei Eis mit Früchten sollte man bei etwa 200g bis 400g Frucht auf 1.000g Eismasse liegen. Wir überschreiben den Wert „1" in der Spalte „D" rechts neben den Bananen einfach mal mit 300. Auch das ist schon erledigt, wie alle weiteren Schritte auch. Jetzt geht es nur darum, zu verstehen, was wo eingetragen wird und wie die Tabelle auf die Werte reagiert.

Der nächste Geschmacksträger ist der Joghurt, da nehmen wir mal 150g. Wir wollen in der Kalkulationsmenge, die unter der letzten Zutat summiert wird, beim Kalkulieren etwa auf 800g bis 1.000g kommen, das erleichtert uns das Kalkulieren. Wie wird gleich klar.

Der nächste Geschmacksträger ist der Zitronensaft. Da nimmt man etwa 5g bis 10g auf 1.000g Eismasse, wenn das Eis nur eine kleine frische Note haben soll. Also tragen wir hier die Menge 8g ein, Warum 8g Zitronensaft? Weil 8g auf 1.000g Eismasse eine prima Frische geben. Das ist einfach ein Erfahrungswert.

Die nächste Zutat ist die Vollmilch. Da der Joghurt uns schon Wasser in die Bilanz bringt, nehmen wir nur 80g Vollmilch, bei einem Eis mit Schokolade, die kaum Wasser liefert, würden wir mehr Milch nehmen. Das sind auch Erfahrungswerte, dafür bekommt man mit der Zeit ein Gefühl.

Nach der Vollmilch folgt die Sahne. Hier kalkulieren wir 150g.

Unsere flüssigen Zutaten haben wir nun. Jetzt müssen wir die trockenen Zutaten kalkulieren, damit wir eine ausgeglichene Bilanz mit möglichst vielen grünen Werten in der Zeile „Bilanzierungsbewertung" bekommen.

Beim Zucker sind wir erst einmal vorsichtig, das Eis soll nicht zu süß werden und wir müssen, um unser Eis in der Tiefkühle bei -18°C lagern zu können, möglichst den Höchstwert an Dextrose in der Kalkulation unterbringen. Wer nicht mehr weiß welche Werte das sind, nutzt die Spickzettel für Trockenglukose, Dextrose, Magermilchpulver und Inulin. Alle Spickzettel befinden sich noch einmal am Ende unseres Klassenbuches.

Den Zucker kalkulieren wir erst einmal mit 30g.

Die Trockenglukose kalkulieren wir mit 45g, der Wert auf 1.000g darf ja bis 8% betragen, also 80g. Da sind 45g etwas mehr als die Hälfte. Das passt erst einmal.

Bei der Dextrose kalkulieren wir 3% bis 6%, also 30g bis 60g auf 1000g Eismasse. Wir wollen -18°C erreichen, also kalkulieren wir fast die Höchstmenge, 55g.

Beim Magermilchpulver sagt unser Spickzettel, dass wir etwa 30g auf 1.000g Eismasse kalkulieren sollen. Das machen wir auch fast und tragen den Wert 25 ein.

Kommen wir zum Joghurtpulver, da sagt der Spickzettel, dass wir 20g bis 40g auf 1.000g Eismasse kalkulieren. Wir nehmen hier einmal 30g, das ist ein idealer Wert für 1.000g Joghurteis, und tragen erst einmal 25g ein, weil wir ja noch nicht wissen, ob wir 1.000g Zutaten in der Kalkulationsspalte zusammenbekommen.

JBK, Inulin und Salz kalkulieren wir noch nicht, die kleinen Mengen machen wir später.

Schauen wir uns unsere „Bilanz 2" nun einmal an. Wir haben jetzt 868g kalkuliert und unsere Bilanzierungsbewertung ist bis auf die Bereiche „Wasser" und „Trockenmasse" schon im grünen Bereich. Diese Bereiche sind aber auch schon gelb hinterlegt, liegen also in der Toleranz. Man könnte das Eis schon so herstellen, wenn nicht das Bindemittel noch fehlen würde und Inulin möchten wir ja auch verwenden, es macht unser Eis so schön cremig, weil es Wasser bindet.

Bei manchen Programmen funktioniert die Färbung der Werte nicht. Es gibt den grünen Bereich, den gelben Toleranzbereich und den weißen Bereich, der liegt außerhalb der Toleranz. Wenn also die Färbung der Werte nicht automatisch funktioniert, Schaut man auf die Zeilen „Sollwert Eis min." und „Sollwert Eis max." Das ist der optimale Bereich, der grüne Bereich. Man kann 10% nach oben und unten abweichen, das ist der gelbe Bereich. Alles andere liegt außerhalb der Möglichkeiten und unsere Bilanz ist nicht ausgeglichen. Wie haben also zu viel Wasser, Zucker, Fett oder Trockenmasse im Rezept. Das verträgt sich nicht mit der Tiefkühle und oft auch nicht mit dem Geschmack.

Unsere „Bilanz 2" zeigt einen Zuckerwert von 21% an, der optimale Wert liegt bei 21%, wir haben also voll ins Schwarze getroffen. Der Bereich „Fett" zeigt 6,3% an, das ist auch ganz wunderbar.

Kalkuliert man selbst, ohne die einzelnen Schritte sichtbar zu machen, überschreibt man die Werte in der „Bilanz 2" einfach, man muss also nicht für jeden Schritt eine neue Bilanz anlegen, das wird hier nur gemacht, um die Änderungen nachträglich sichtbar zu machen.

So, jetzt optimieren wir unsere Bilanz und schauen uns die „Bilanz 3" an. Da ist das schon geschehen. Doch was wurde warum geändert? Das ist jetzt die Kunst des Kalkulierens. Mit ein bisschen Übung wird das aber immer besser gehen.

Zunächst wurde der Wert der Dextrose korrigiert. Das ist ein wichtiger Wert, denn die Dextrose liefert uns die Gefrierhemmung und sollte etwa 60g auf 1.000g Eismasse betragen. Wir haben aber in „Bilanz 2" in der Spalte Menge 55g kalkuliert, das sind auf 1.000g Eismasse 63,36g Dextrose, wie uns die Tabelle in der Spalte „Wunschmenge" anzeigt. Das ist etwas zu viel. Daher verringern wir diesen Wert in der Spalte „Menge" von 55 auf 54.

Das Gramm Dextrose schlagen wir einfach auf die Trockenglukose drauf, so bleibt der Anteil „Zucker" gleich, der Anteil „Wasser" ebenso, denn ein Gramm Dextrose weniger heißt weniger Zucker, mehr Wasser und weniger Trockenmasse. Also überschreiben wir den Wert der Trockenglukose von 45 auf 46 und nutzen 1g mehr Trockenglukose, 1g mehr Bindung im Eis, denn Trockenglukose bindet ja auch Wasser. Das ist gut für unsere Eismasse, insbesondere in der Tiefkühle.

Nun sehen wir uns die Zutaten Magermilchpulver und Joghurtpulver an. Beide Werte zeigen auf 1.000g Eismasse 28,80g an. Wir wollen aber volle Cremigkeit durch das Magermilchpulver, das ebenfalls Wasser bindet und wir wollen den vollen Geschmack vom Joghurtpulver, deshalb erhöhen wir diese Werte in der Spalte „Menge" von 25 auf 27.

Was uns noch fehlt, ist die Zutat Inulin. Wir wissen von unserem Spickzettel, dass wir etwa 1% bis 5% der Trockenmasse mit Inulin füllen können. In „Bilanz 2" zeigt uns die Tabelle in der Spalte „Trockenmasse" einen Gesamtwert von 298g an. Das runden wir auf 300g auf und errechnen, dass 5% von 300g 15g sind. Also tragen wir den Wert 15 in die Spalte Menge bei der Zutat Inulin ein.

Damit ist unsere Bilanz komplett im grünen Bereich. Doch uns fehlt noch das Bindemittel, also JBK. Da benötigen wir auf 1.000g Eismasse 2g. Trägt man in die Spalte Menge bei der Zutat JBK den Wert 1,79 ein, sind das auf 1.000g Eismasse genau 2g. Passt also auch.

Was fehlt noch? Die Prise Salz. In die Spalte Menge tragen wir bei der Zutat Salz 0,01 ein. 0,01g Salz ist etwa eine Prise.

Und nun reizen wir unsere Bilanz noch aus, dann sind wir fertig. Jedes Gramm mehr Erdbeeren, wird den Geschmack vom Eis verbessern. Also erhöhen wir den Wert der Zutat Erdbeeren in der Spalte „Menge" grammweise und sehen, wie sich die Werte in unserer Bilanz verändern. Ziel ist es, alle Werte im grünen Bereich zu halten und den Zucker auf dem Höchstwert bei 21%, denn er sogt ja für die Gefrierhemmung.

Bis zum Wert von 303g in der Spalte „Menge" bei der Zutat Erdbeeren bleibt die Bilanz perfekt. Bei 304g sinkt der Zuckerwert von 21% auf 20,9%. Bei 317g kommen wir von dem grünen Bereichen bei der „Trockenmasse" in den gelben Bereich. Zu wenig Trockenmasse jedoch bedeutet zu viel Wasser und zu wenig Bindung. Das muss jeder für sich entscheiden, was einem wichtiger ist. Toleranzen sind ja durchaus da, um ausgereizt zu werden. Der Streber steht auf grüne Bereiche, aber es gilt der Spruch:

Wir bauen ja allerhöchstens Eisbomben und keine Atombomben, da kann man auch mal hier und da etwas außerhalb des grünen Bereiches liegen.

Damit ist unsere erste Bilanz fertig erstellt. So schwer war das doch gar nicht, oder?

In jedem guten Konzert gibt es eine Zugabe. Mit einer besonderen Zutat, können wir unser Eis noch etwas veredeln. In der Tabelle „Bilanz 4" wurde eine weitere Zutat eingefügt, nämlich Vanilleschote, mit der Menge 1g. Vanille und Erdbeeren machen sich prima zusammen.

Das Zufügen der Vanilleschote hat die Bilanz etwas verändert, weshalb die Werte für JBK, Zucker und der Erdbeeren leicht korrigiert wurden.

Nun müssen wir uns nur noch entscheiden, welche Zubereitung wir wählen. Es geht für beide Varianten, ob mit oder ohne Vanille, auf jeden Fall die warme Zubereitung. Ohne Vanille kann man die Eismasse auch kalt zubereiten.

Statt Vanille kann man übrigens auch Ingwer nehmen oder gar beides. Jetzt seid Ihr dran mit dem Kalkulieren.

Es gilt: Übung mach den Meister. Am Anfang sitzt man manchmal scheinbar ewig davor und die Werte wollen nicht grün werden. Aber plötzlich klappt es doch und die Freude ist groß.

Tipp: Fangt mit einem Milch Sahne Eis an, ohne Joghurt. Das geht einfacher. Es gibt über 200 Rezepte in der Datei, fast alle sind perfekt ausgeglichen in der Bilanz. Die könnt Ihr als Referenz nehmen und heftig spicken…

Wer etwas nicht versteht und Hilfe braucht, wird diese immer in der Facebook Gruppe „Eis Abitur" finden. Einfach nachfragen.

Viel Spaß dabei!

Damit das Bilanzieren noch einfach wird, kommen hier zwei neue Spickzettel. Der erste Spickzettel zeigt uns in welchem Verhältnis die wichtigsten Zutaten unserer Trockenmasse zum normalen Haushaltszucker stehen, was die Süßkraft und die Gefrierhemmung angeht. Dabei gehen wir davon aus, dass Zucker 100% Süßkraft und 100% Gefrierhemmung hat. Wollen wir unser Eis weniger süß bilanzieren, nutzen wir in der Regel Trockenglukose und Dextrose.

Da Trockenglukose weniger Gefrierhemmung hat, können wir das ausgleichen, wenn wir zusätzlich Dextrose einsetzen, die auch weniger süß ist als Zucker, dafür aber fast doppelt so viel Gefrierhemmung liefert. Die Begriffe POD Wert und PAC Wert haben wir ja schon kennengelernt.

Verhältnis Süßkraft und Gefrierhemmung.

Stoff	Süßkraft POD Wert	Gefrierhemmung PAC Wert
Zucker	100%	100%
Maltodextrin DE 18	15%	33%
Trockenglukose DE 38	33 %	40%
Dextrose	70%	190%
Invertzucker	130%	190%

Eis-Abitur.de

Der zweite neue Spickzettel erleichtert uns das Bilanzieren sehr, denn er zeigt uns noch einmal sehr übersichtlich welche Mengen wir von welchen Zutaten bilanzieren.

Mengen der Zutaten bezogen auf 1.000g Eismasse bzw. auf den Anteil der Trockenmasse.

Gewürze 1g oder mehr auf 1.000g	Zimt 1g bis 2g auf 1.000g	Glycerin ☆ 20g auf 1.000g
Zucker Frei	Magermilchpulver 30g auf 1.000g	Vanille Bis 3g auf 1.000g
Maltodextrin DE 18 Frei	Joghurtpulver 20 - 40g auf 1.000g	Salz 0,01g auf 1.000g
Trockenglukose Bis 8%	Früchte 200g bis 400g	Kakao Bis 5g auf 1.000g
Dextrose 3% bis 6%	Schokolade Kuvertüre 60g bis 150g oder mehr	Eigelb Bis 150g auf 1.000g
Inulin 3% bis 5% der Trockenmasse	JBK ohne Ei ☆☆ 2g auf 1.000g	JBK mit Ei 1g auf 1.000g

☆ Wird nicht bilanziert, ist Zusatz zur Hälfte der Zeit in der Eismaschine.
☆☆ Spickzettel JBK, Guarkernmehl, Pektin und Lecithin beachten.
Eis-Abitur.de

Im Bezug auf die Süßkraft und die Gefrierhemmung ergänzen sich beide Spickzettel. Faustregel: Wollen wir unser Eis in der Tiefkühle bei -18°C lagern, sollten wir die Höchstmenge Dextrose, 6%, also 60g auf 1.000g Eismasse, möglichst einhalten. Den Rest des nötigen Zuckers verteilen wir auf die übrigen Zutaten der Trockenmasse, auf die Trockenglukose und den Zucker. Dabei ist zu beachten, dass Trockenglukose wunderbar Wasser bindet und weniger süß ist. Diese Vorteile bauen wir in unsere Bilanzen mit ein. Wir können auch sehr viel mehr Zucker einsetzen, dafür weniger Dextrose, dann wird das Eis süßer und wenn der Zuckergehalt hoch genug ist, klappt es auch mit der Tiefkühle. Da muss man experimentieren, bis man das gewünschte Ergebnis erzielt.

Empfohlen wird, bei Dextrose, Magermilchpulver und, wenn enthalten, beim Joghurtpulver, auf die jeweiligen Höchstmengen zu bilanzieren. Das liefert die besten

Ergebnisse in der Tiefkühle und bringt am meisten Cremigkeit.

Bei der angegebenen Höchstmenge für Inulin ist darauf zu achten, dass sich die Höchstmenge, 3% bis 5% nicht auf die Eismasse bezieht, sondern auf die in der Bilanz ausgewiesenen Trockenmasse.

Bei der angegeben Höchstmenge für JBK ist darauf zu achten, die Zutat JBK 50:50 zwischen Johannisbrotkernmehl und Guarkernmehl aufteilen. Bei der warmen Zubereitung können wir, bei Milch-Sahne-Eis, die angegebene Menge JBK verdoppeln und diesen zusätzlichen Anteil Bindemittel auf Pektin und Lecithin 50:50 aufteilen. Das sind unsere „Spickzettel JBK und Guarkernmehl heiraten" und „JBK und Guarkernmehl haben Zwillinge bekommen".

Bei Sorbets und bei kalter Zubereitung von Mich-Sahne-Eis nutzen wir nur das Ehepaar JBK, bei Sorbets nur die Hälfte der Höchstmenge, also nur 1g auf 1.000g Eismasse.

Das sind alle Informationen, die man zum erfolgreichen bilanzieren benötigt. Nehmt Euch Zeit und nicht gleich verzweifeln, wenn die Bilanz nicht grün werden will. Das bedarf etwas Übung.

Ihr könnt zum Üben auch ein vorhandenes Rezept aus der Datei benutzen, z. B. das Milch-Sahne-Eis „Erdbeereis". Ruft es auf und macht ein Foto von der Bilanz des Eises. Jetzt stellt ihr alle Werte der Zutaten in der Spalte D bei „Menge" auf 0 und versucht die einzelnen Zutaten so neu zu bilanzieren, bis die Bilanz ausgeglichen ist. Am Ende vergleicht Ihr Eure Version mit der Ursprungsversion, dem Foto, das Ihr gemacht habt.

Nur Mut, Ihr könnt nichts kaputt machen. Im Notfall einfach die Eisbilanz neu herunterladen, dann ist alles wieder wie zuvor.

In der Facebook Gruppe „Eis Abitur" könnt Ihr immer Hilfestellung erhalten, wenn etwas nicht klappt. Bei über

2.400 Mitlernenden ist das gar kein Problem. Noch hat jeder das Bilanzieren gelernt.

Ein Schritt zum freien Bilanzieren fehlt noch: Das Anlegen einer neuen Zutat. Das geht eigentlich auch ganz einfach. Zunächst wechselt man auf das Arbeitsblatt „Zutatenliste". In der Spalte A sind alle Zutaten mit ihrem Namen aufgeführt. Nehmen wir an, die Zutat Mango gäbe es noch nicht. Als erstes gibt man in Spalte A den Namen ein, also Mango. Nun bemüht man das Internet und sucht nach: Mango Nährwerte. Sofort erhält man eine Vielzahl von Seitenvorschlägen, die sich mit den Nährwerten von Mangos beschäftigen. Davon sucht man sich eine aus. Zu empfehlen ist die Seite Naehrwertrechner.de. hier findet man fast immer alle nötigen Werte.

Ruft man die Seite auf, findet man eine Tabelle mit den Nährwerten für Mango, bezogen auf 100g. Diese Werte tragen wir nun in unsere Liste ein. Oben angefangen finden wir 60 Kalorien. Die tragen wir ein. Jetzt wird es spannend: Unter Zucker steht zunächst 10g also 10%. Etwas weiter unten, in der Nährwertampel, steht aber Zucker 12,5g. Das liegt daran, dass der Zucker zu den Kohlehydraten gehört, deren Wert mit 12,8g angegeben wird. Davon sind 10g Zucker und offensichtlich weitere 2,5g der Kohlehydrate zählen als Zucker, nur 0,3g nicht. Wir tragen also den gesamten Zuckerwert, 12,5g, in unserer Liste ersetzen wir g durch %, wir tragen 12,5% bei Zucker ein. Fett wird mit 0,5g angegeben, wir tragen 0,5% ein. Die Seite Nährwertrechner.de zeigt für die meisten Zutaten auch den Wassergehalt an. Das ist für uns perfekt, den übernehmen wir. Bei Mango sind es 83g, also 83%. Eine Zutat, die zu 83% aus Wasser besteht, besteht dann natürlich zu 17% aus Trockenmasse. Diesen Wert tragen wir ein und schon ist die Zutat Mango angelegt. Speichern nicht vergessen.

Manchmal ist es so, dass man für ein Produkt keine eindeutigen Angaben im Netz findet. Bei Schokoriegeln z. B. kann es schwierig werden. Das macht aber nichts, wir schauen einfach auf die Packung. Wir finden immer die Angaben für Kalorien und für Fett. Diese tragen wir ein. Weiter finden wir Kohlehydrate mit der Bemerkung: Davon

Zucker. Hier übernehmen wir den Zuckerwert. Zur Ermittlung der Trockenmasse addieren wir alle trockenen Bestandteile, die in g angegeben sind. Fett, Kohlehydrate incl. Zucker, Eiweiß, Ballaststoffe und was sonst so angegeben ist. Die Summe ist unsere Trockenmasse. Diesen Wert tragen wir ein. Die Differenz zu 100 ist der Wassergehalt.

So kann man alle möglichen Zutaten anlegen.

Fertigpulver

Wer bis hier hin prima mitgekommen ist und bereits erste Bilanzen selbst erstellt hat, hat sein Eis-Abitur schon fast in der Tasche. Jetzt kommen die Kenntnisse, die wir benötigen, um frei und unabhängig von teuren Fertigpulvern zu sein. Im Prinzip sind wir das längst, aber einen Vorteil der teuren Fertigpulver müssen wir noch erreichen, nämlich die Schnelligkeit bei der Herstellung der Eismasse. Erdbeereis besteht aus Erdbeeren, Milch, Sahne, Zuckersorten, Magermilchpulver, Bindemitteln und bei Wunsch wirkt auch Inulin mit. Es wäre doch prima, wenn wir nicht so viele einzelne Zutaten abwiegen müssen, sondern fertige Mischungen haben.

Genau das lernen wir jetzt. Wir erstellen unsere eigenen Fertigpulver für Bindemittel und sogar Fertigpulver für Eisrezepte mit allen Zutaten wie Trockenglukose, Dextrose, Magermilchpulver, Joghurtpulver und Inulin. Alle diese Zutaten haben wir bereits und nichts anderes enthalten die teuren Fertigpulver, die man sich kaufen kann. Mit dem Eis-Abitur geht alles!

Wir fangen ganz leicht an und erstellen uns Bilanzen für Bindemittel. Hier müssen wir für jede Eismasse bis zu 4 Zutaten abwiegen, nämlich Johannisbrotkernmehl, Guarkernmehl, Pektin und Lecithin. Das ist so leicht, das kann sogar unser Praktikant Emil, weshalb die Bilanzen für Bindemittel auch „Emil Cool" und „Emil Hot" heißen. „Emil Cool" ist für die kalte Zubereitung und „Emil Hot" für die warme Zubereitung.

Emil Cool

	Zutaten	Menge
1	JBK	1,00
2	Guarkernmehl	1,00
	Gesamt	**2,00 g**

Unser neues Bindemittel „Emil Cool" besteht aus einem Anteil JBK und einem Anteil Guarkernmehl. In der Eisbilanz findet Ihr die Bilanzierung für Emil Cool auf dem Arbeitsblatt „Bilanzieren Kurs". Die einzelnen Zutaten kennt unsere Zutatenliste. Geben wir die beiden Zutaten ein, erscheint in unserer Bilanz der Gesamtwert beider Zutaten in dem angegebenen Verhältnis aufgeschlüsselt in Wasser, Zucker, Fett, Trockenmasse und Kalorien.

Diese Werte merken wir uns, legen die neue Zutat „Emil Cool" an. Dazu gehen wir auf das Arbeitsblatt „Zutatenliste" und tragenden Namen der Zutat, Emil Cool und die Werte aus der Bilanz „Emil Cool" für

Wasser 5%

Zucker 0,5%

Fett 0,7%

Trockenmasse 95% und

Kalorien 184

ein. Speichern der Datei nicht vergessen! Fertig ist unser erstes Fertigpulver. Wir können es nun mischen, also z. B. 25g JBK und 25g Guarkernmehl und schon müssen wir in Zukunft nur eine Zutat abwiegen, wenn wir die in unserer Datei angegebene Zutat JBK unter Einhaltung des Spickzettels „JBK und Guarkernmehl heiraten" einhalten wollen. „Emil Cool" füllen wir in ein Behältnis und wiegen es ab, wenn wir es brauchen. Vorher immer einmal kurz mit dem Löffel umrühren oder den Behälter vor dem Öffnen schütteln, damit beide Zutaten gut vermischt sind.

In Zukunft können wir mit der Zutat „Emil Cool" auch kalkulieren. Jeder kann sie auch umbenennen, wie es einem gefällt, in „Gabi 1" oder „Mutti 007" oder „Kevin 0815".

Emil Hot

	Zutaten	Menge
1	JBK	1,00
2	Guarkernmehl	1,00
3	Pektin	1,00
4	Lecithin	1,00
	Gesamt	**4,00**

Die Rezeptur für die neue Zutat „Emil Hot" findet, Ihr ebenfalls in der Bilanz auf dem Arbeitsblatt „Bilanzieren Kurs" und auch unter dem Namen als neue Zutat in der Zutatenliste. „Emil Hot" ist einfach die Zusammenführung der Spickzettel „JBK und Guarkernmehl Heiraten" und dem über deren Kinder Pektin und Lecithin. Je 12,5g von jeder Zutat ergeben 50g „Emil Hot" und wir nutzen es bei der warmen Zubereitung mit der doppelten Menge, der in den bereits vorhandenen Rezepten angegebenen Zutat JBK. Zukünftig kann man damit auch Kalkulieren und jeder weiß sofort: Steht „Emil Hot" im Rezept, wird dieses warm zubereitet. Achtung: „Emil Hot" immer in doppelter Menge kalkulieren, also 4g auf 1.000g Eismasse und nicht nur 2g auf 1.000g Eismasse. Sonst haben wir zu wenig Bindung im Eis.

Diese beiden Übungen waren leicht, aber jetzt wird es spannend:

Gelingt es uns, eine fertige Zutat, ein Fertigpulver, zu entwickeln, die bzw. das alle Zutaten wie Bindemittel, Trockenglukose, Dextrose und Magermilchpulver enthält und das uns garantiert, die -18°C in der Tiefkühle zu schaffen? Das wäre ja der Clou überhaupt. So könnten wir uns in Zukunft viel Arbeit mit dem Abwiegen ersparen.

Das versuchen wir nun mit der neuen Zutat „Emil -18". Es wird spannend!

Emil -18

	Zutaten	Menge	g	Wunschmenge
1	JBK	1,00	g	5,00
2	Guarkernmehl	1,00	g	5,00
3	Trockenglukose	40,00	g	200,00
4	Dextrose	60,00	g	300,00
5	Magermilchpulver	30,00	g	150,00
6	Inulin	11,00	g	55,00
7	Pektin	1,00	g	5,00
8	Lecithin	1,00	g	5,00
	Gesamt	**145,00**	**g**	**725,00**

Das ist die Rezeptur für unser erstes richtiges Fertigpulver. Es heißt „Emil -18", benannt nach unserem Praktikanten Emil, der es sich gerne bequem macht. Der Wert -18 steht für die -18°C, die unser Eis in der Tiefkühle aushalten muss. Es handelt sich um ein hochwertiges Fertigpulver mit allen unseren Bindemitteln und Inulin.

==Emil -18 ist für die warme und kalte Zubereitung geeignet==. Es ist zu beachten, dass das Pektin nur wirkt, wenn die Eismasse erhitzt wird. Bei der kalten Zubereitung wird das 1g Pektin pro 1.000g Eismasse zwar enthalten sein, aber nicht wirken. Daher ist die warme Zubereitung mit Emil -18 die bessere Alternative.

Ausnahme: Bei Kakao oder Schokolade als Zutat. Da wird immer die warme Zubereitung empfohlen.

Die Kalkulation von Emil -18 ergibt sich aus folgenden Parametern:

Wir nutzen auf 1.000g Eismasse immer mindestens 2g Bindemittel, die wir unter Johannisbrotkernmehl und Guarkernmehl 1:1 aufteilen. Zusätzlich nutzt Emil -18 Pektin und Lecithin mit je 1g pro 1.000g Eismasse.

Bei der Trockenglukose wurde ein Mittelwert kalkuliert. Wir können ja bis 8% Trockenglukose auf 1.000g Eismasse verwenden, das sind 80g. Für unser Fertigpulver Emil -18 wurden 4% kalkuliert, also 40g.

Die Zutat Dextrose kalkulieren wir mit 3% bis 6% der Eismasse, das sind auf 1.000g Eismasse 30g bis 60g. Da wir bei -18°C die volle Gefrierhemmung der Dextrose nutzen müssen, wurde hier auch der volle Anteil kalkuliert, nämlich 60g.

Bei der Zutat Magermilchpulver kalkulieren wir auch am besten immer 30g auf 1.000g Eismasse, so auch hier.

Die Zutat Inulin kalkulieren wir zwischen 3% und 5% der Trockenmasse, die eine Bilanz ausweist. Für Emil -18 wurden 11g kalkuliert.

In der Summe der Zutaten ergibt das ein Gesamtgewicht von 145g, die wir von Emil -18 für 1.000g Eismasse benötigen.

In unserer Eisbilanz finden wir das graue Arbeitsblatt „Emil -18". Ganz oben befindet sich die Bilanz für unser Fertigpulver Emil -18.

Wollen wir nun 5 Portionen Emil -18 vorbereiten, benötigen wir 5 x 145g, das ergibt 725g Gesamtmenge, die wir als Wunschmenge in der Datei eintragen und schon rechnet unsere Datei die Werte aus, die wir von jeder Zutat benötigen. Und genauso mischen wir die Zutaten jetzt in einer Schüssel zusammen. Dabei sollten wir die Bindemittel und das Inulin erst nach der Trockenglukose, der Dextrose und dem Magermilchpulver abwiegen, damit sich diese Zutaten nicht auf dem Boden der Schüssel verlieren. Wir wiegen erst die großen Mengen ab, vermischen diese etwas mit einem Schneebesen, machen eine kleine Mulde in das Gemisch und geben die Bindemittel und das Inulin dazu.

Nun verrühren wir die Zutaten gut, damit ein homogenes Gemisch entsteht. Das ist wichtig, die Zutaten müssen sich gut untereinander verteilen. Mit einem Schneebesen klappt das prima. Haben wir unser Fertigpulver Emil -18 nun gut verrührt, wiegen wir 5 mal 145g davon ab und verpacken die Portionen in Gefrierbeuteln oder in Einmachgläsern mit Deckel.

Schon haben wir 5 Portionen Emil -18, die für 5 Eismassen mit je 1.000g Eismasse kalkuliert sind.

Nun füllt nicht jeder seine Eismaschine mit 1.000g Eismasse. Der eine füllt seine Eismaschine mit 750g, ein anderer nimmt nur 500g und wieder ein anderer füllt seine Eismaschine mit 1.500g.

Das ist kein Problem. Unsere Datei errechnet uns die Rezepturen für jede beliebige Füllmenge, die wir für unsere unterschiedlichen Eismaschinen benötigen. Dazu geben wir die gewünschte Füllmenge in das grüne Feld unter „Wunschmenge" ein. Ändern wir die vorgegebene Wunschmenge z. B. von 1000 auf 700, werden alle Rezepturen auf diese neue Füllmenge umgerechnet. Das erste Rezept nach der Bilanz für „Emil -18" ist das „Pfirsich Emil -18". Nach der Umstellung der Wunschmenge auf 700g, weist die Bilanz 101,5g Emil -18 aus. Für alle Füllmengen mit 700g benötigen wir also 101,5g Emil -18. Wollen wir nun 5 Portionen Emil -18 herstellen, brauchen wir 5 x 101,5g, also 507,5g. Diesen Wert geben wir nun in das grüne Feld in Zeile 2 als Wunschmenge ein und die Datei errechnet uns die einzelnen Komponenten für 507,5g Emil -18 aus. Nach dieser Vorgabe mischen wir uns Emil -18 zusammen. Das war schon alles. Ändern wir nun die Wunschmenge von 507,5 wieder auf die Füllmenge 700, sind die Rezepturen startklar ausprobiert zu werden.

Mit der Zutat Emil -18, ist uns beim Eis-Abitur damit eine kleine Sensation gelungen. Nicht nur, dass wir bei der Herstellung unserer Eismassen viel Zeit sparen, das Abwiegen der einzelnen Zutaten fällt ja weg, wir sparen auch erheblich an Kosten, denn Fertigpulver die man von diversen Herstellern kaufen kann, sind in der Regel extrem teuer.

Eine Portion Emil -18 für 1.000g Eismasse, also 145g, kosten mit unseren Zutaten etwa 1,15€. Bei einem Anbieter von Fertigpulvern kommt man auf Kosten in Höhe von 2,50€ pro 1.000g Eismasse und mehr. Da sparen wir mindestens 1,35€ pro 1.000g Eismasse.

Darüber hinaus haben wir mit unserem Fertigpulver den Vorteil, dass wir flexibel sind. Wir können unsere eigenen Rezepte damit bilanzieren, wir sind nicht auf vorgegebene Rezepte angewiesen.

Also ran an die Zutaten, wir mischen uns eine große Portion Emil -18 und probieren es gleich mal aus. Die Rezepturen sind getestet und perfekt zu portionieren, direkt aus der Tiefkühle bei -18°C. Es ist bei allen Rezepten mit Emil -18 die kalte und die warme Zubereitung möglich. Empfohlen wird die warme Zubereitung, damit auch das Pektin wirken kann.

Neben den Emil -18 Rezepten die dieses Klassenbuch enthält, werden alle vorhandenen Milch-Sahne-Eis Bilanzen nach und nach in unserer Eisbilanz auch in der Version Emil -18 zur Verfügung stehen.

Pfirsich Emil -18

Zutaten	Menge	g	Wunschmenge
1 Pfirsich, frisch	230,00	g	427,50
2 Zitronensaft	5,00	g	9,29
3 Vollmilch	100,00	g	185,87
4 Sahne, 30% Fett	90,00	g	167,28
5 Zucker, weiß	35,00	g	65,05
6 Emil -18	78,01	g	145,00
Gesamt	**538,01**	**g**	**1000,00 g**

Alle trockenen Zutaten vermischen, zu den flüssigen Zutaten geben und unter rühren auf 85°C erhitzen, abkühlen und im Kühlschrank reifen lassen. Erst kurz vor der Eismaschine die Pfirsiche mit dem Zitronensaft pürieren, zur Eismasse geben und ab damit in die Eismaschine. Wie immer fügt man, wenn man möchte, zur Hälfte der Zeit in der Eismaschine, 20g Glycerin hinzu.

Die kalte Zubereitung mischt und mixt alle trockenen und flüssigen Zutaten sofort. Die Eismasse sollte 30 bis 60 Minuten reifen. Erst dann gibt man die Geschmacksträger, hier die Pfirsiche und den Zitronensaft, püriert hinzu. Das gilt für alle Emil – 18 Rezepte.

Bananen Emil -18

Zutaten	Menge	g	Wunschmenge
1 Bananen	265,00	g	410,09
2 Zitronensaft	5,00	g	7,74
3 Vollmilch	185,00	g	286,29
4 Sahne, 30% Fett	90,00	g	139,28
5 Zucker, weiß	7,50	g	11,61
6 Emil -18	93,70	g	145,00
Gesamt	**646,20**	**g**	**1000,00 g**

Erdbeeren Emil -18

Zutaten	Menge	g	Wunschmenge
1 Erdbeeren	140,00	g	447,31
2 Zitronensaft	2,60	g	8,31
3 Vollmilch	49,00	g	156,56
4 Sahne, 30% Fett	50,00	g	159,75
5 Zucker, weiß	26,00	g	83,07
6 Emil -18	45,38	g	145,00
Gesamt	**312,98**	**g**	**1000,00 g**

Himbeeren Emil -18

	Zutaten	Menge	g	Wunschmenge
1	Himbeeren	140,00	g	447,31
2	Zitronensaft	2,60	g	8,31
3	Vollmilch	49,00	g	156,56
4	Sahne, 30% Fett	50,00	g	159,75
5	Zucker, weiß	26,00	g	83,07
6	Emil -18	45,38	g	145,00
	Gesamt	**312,98**	**g**	**1000,00 g**

Wer die Kerne der Himbeeren nicht im Eis haben möchte, streicht sie durch ein Sieb. Die Menge der Himbeeren bezieht sich dann auch gesiebte Himbeeren.

Heidelbeeren Emil -18

	Zutaten	Menge	g	Wunschmenge
1	Heidelbeeren	130,00	g	409,24
2	Zitronensaft	2,60	g	8,18
3	Vollmilch	70,00	g	220,36
4	Sahne, 30% Fett	50,00	g	157,40
5	Zucker, weiß	19,00	g	59,81
6	Emil -18	46,06	g	145,00
	Gesamt	**317,66**	**g**	**1000,00**

Kirschen Emil -18

Zutaten	Menge	g	Wunschmenge
1 Kirschen	140,00	g	432,60
2 Zitronensaft	2,60	g	8,03
3 Vollmilch	70,00	g	216,30
4 Sahne, 30% Fett	50,00	g	154,50
5 Zucker, weiß	14,10	g	43,57
6 Emil -18	46,93	g	145,00
Gesamt	**323,63**	**g**	**1000,00 g**

Passionsfrucht Emil -18

Zutaten	Menge	g	Wunschmenge
1 Passionsfrucht	90,00	g	393,40
2 Zitronensaft	2,60	g	11,36
3 Vollmilch	40,00	g	174,85
4 Sahne, 30% Fett	50,00	g	218,56
5 Zucker, weiß	13,00	g	56,82
6 Emil -18	33,17	g	145,00
Gesamt	**228,77**	**g**	**1000,00 g**

Mango Emil -18

	Zutaten	Menge	g	Wunschmenge
1	Mango	110,00	g	440,93
2	Zitronensaft	2,30	g	9,22
3	Vollmilch	40,00	g	160,34
4	Sahne, 30% Fett	50,00	g	200,42
5	Zucker, weiß	11,00	g	44,09
6	Emil -18	36,18	g	145,00
	Gesamt	**249,48**	**g**	**1000,00 g**

Brombeeren Emil -18

	Zutaten	Menge	g	Wunschmenge
1	Brombeeren	91,00	g	398,39
2	Zitronensaft	2,30	g	10,07
3	Vollmilch	40,00	g	175,12
4	Sahne, 30% Fett	50,00	g	218,90
5	Zucker, weiß	12,00	g	52,53
6	Emil -18	33,12	g	145,00
	Gesamt	**228,42**	**g**	**1000,00 g**

Holunderbeeren Emil -18

	Zutaten	Menge	g	Wunschmenge
1	Holunderbeeren	91,00	g	398,39
2	Zitronensaft	2,30	g	10,07
3	Vollmilch	40,00	g	175,12
4	Sahne, 30% Fett	50,00	g	218,90
5	Zucker, weiß	12,00	g	52,53
6	Emil -18	33,12	g	145,00
	Gesamt	**228,42**	**g**	**1000,00 g**

Die Holunderbeeren sollten mit dem Zitronensaft angedünstet werden, bis sie weich sind.

Holunderbeeren niemals ungekocht verwenden. Roh verursachen sie Übelkeit.

Aprikosen Emil -18

	Zutaten	Menge	g	Wunschmenge
1	Aprikosen	91,00	g	398,39
2	Zitronensaft	2,30	g	10,07
3	Vollmilch	40,00	g	175,12
4	Sahne, 30% Fett	50,00	g	218,90
5	Zucker, weiß	12,00	g	52,53
6	Emil -18	33,12	g	145,00
	Gesamt	**228,42**	**g**	**1000,00 g**

Ananas Emil -18

	Zutaten	Menge	g	Wunschmenge
1	Ananas	91,00	g	398,39
2	Zitronensaft	2,30	g	10,07
3	Vollmilch	40,00	g	175,12
4	Sahne, 30% Fett	50,00	g	218,90
5	Zucker, weiß	12,00	g	52,53
6	Emil -18	33,12	g	145,00
	Gesamt	**228,42**	**g**	**1000,00 g**

Frische Ananas müssen kurz blanchiert werden, damit das Enzym verschwindet, das die Milch sauer macht.

Grapefruit Emil -18

	Zutaten	Menge	g	Wunschmenge
1	Grapefruit	80,00	g	365,19
2	Zitronensaft	2,30	g	10,50
3	Vollmilch	40,00	g	182,59
4	Sahne, 30% Fett	50,00	g	228,24
5	Zucker, weiß	15,00	g	68,47
6	Emil -18	31,77	g	145,00
	Gesamt	**219,07**	**g**	**1000,00 g**

Limette Emil -18

Zutaten	Menge	g	Wunschmenge
1 Limettensaft	100,00	g	402,73
2 Zitronensaft	2,30	g	9,26
3 Vollmilch	50,00	g	201,37
4 Sahne, 30% Fett	50,00	g	201,37
5 Zucker, weiß	10,00	g	40,27
6 Emil -18	36,01	g	145,00
Gesamt	**248,31**	**g**	**1000,00 g**

Zitrone Emil -18

Zutaten	Menge	g	Wunschmenge
1 Zitronensaft	70,00	g	320,05
2 Limettensaft	2,00	g	9,14
3 Vollmilch	50,00	g	228,61
4 Sahne, 30% Fett	50,00	g	228,61
5 Zucker, weiß	15,00	g	68,58
6 Emil -18	31,71	g	145,00
Gesamt	**218,71**	**g**	**1000,00 g**

Walnuss Honig Emil -18

Zutaten	Menge	g	Wunschmenge
1 Walnuss	68,90	g	90,09
2 Honig	20,00	g	26,15
3 Vollmilch	500,00	g	653,77
4 Sahne, 30% Fett	50,00	g	65,38
5 Zucker, weiß	15,00	g	19,61
6 Emil -18	110,90	g	145,00
Gesamt	**764,80**	**g**	**1000,00 g**

Die Walnüsse in einer beschichteten Pfanne mit dem Honig karamellisieren.

Haselnuss Emil -18

Zutaten	Menge	g	Wunschmenge
1 Haselnussmus	66,00	g	86,68
2 Ahornsirup	20,00	g	26,27
3 Vollmilch	500,00	g	656,69
4 Sahne, 30% Fett	50,00	g	65,67
5 Zucker, weiß	15,00	g	19,70
6 Emil -18	110,40	g	145,00
Gesamt	**761,40**	**g**	**1000,00 g**

Es können auch Haselnüsse verwendet werden oder geröstete Haselnusskerne. Diese gut mixen.

Pistazien Emil -18

Zutaten	Menge	g	Wunschmenge
1 Pistazien, ungesalzen	66,00	g	86,68
2 Ahornsirup	20,00	g	26,27
3 Vollmilch	500,00	g	656,69
4 Sahne, 30% Fett	50,00	g	65,67
5 Zucker, weiß	15,00	g	19,70
6 Emil -18	110,40	g	145,00
Gesamt	**761,40**	**g**	**1000,00 g**

Man kann auch Pistazienmus verwenden.

Rhabarber Emil -18

Zutaten	Menge	g	Wunschmenge
1 Rhabarber	65,00	g	322,55
2 Zitronensaft	2,30	g	11,41
3 Vollmilch	40,00	g	198,49
4 Sahne, 30% Fett	50,00	g	248,11
5 Zucker, weiß	15,00	g	74,43
6 Emil -18	29,22	g	145,00
Gesamt	**201,52**	**g**	**1000,00 g**

Rhabarber schälen, in Stücke schneiden und dünsten bis er weich ist. Die angegebene Menge bezieht sich auf den geschälten und gedünsteten Rhabarber.

Johannisbeeren Emil -18

Zutaten	Menge	g	Wunschmenge
1 Johannisbeeren	75,00	g	316,98
2 Zitronensaft	2,30	g	9,72
3 Vollmilch	60,00	g	253,59
4 Sahne, 30% Fett	50,00	g	211,32
5 Zucker, weiß	15,00	g	63,40
6 Emil -18	34,31	g	145,00
Gesamt	**236,61**	g	1000,00 g

Wer die Kerne der Johannisbeeren nicht im Eis haben möchte, streicht sie durch ein Sieb. Die Menge bezieht sich auf die Menge, die man zur Eismasse gibt, also mit Kernen oder gesiebt.

Stachelbeeren Emil -18

Zutaten	Menge	g	Wunschmenge
1 Stachelbeeren	85,00	g	343,88
2 Zitronensaft	2,30	g	9,30
3 Vollmilch	60,00	g	242,74
4 Sahne, 30% Fett	50,00	g	202,28
5 Zucker, weiß	14,04	g	56,80
6 Emil -18	35,84	g	145,00
Gesamt	**247,18**	g	1000,00 g

Pflaumen Emil -18

	Zutaten	Menge	g	Wunschmenge
1	Pflaumen	85,00	g	343,88
2	Zitronensaft	2,30	g	9,30
3	Vollmilch	60,00	g	242,74
4	Sahne, 30% Fett	50,00	g	202,28
5	Zucker, weiß	14,04	g	56,80
6	Emil -18	35,84	g	145,00
	Gesamt	**247,18**	**g**	**1000,00 g**

Die Menge der Pflaumen bezieht sich auf entkernte Pflaumen.

Schokoladen Emil -18

	Zutaten	Menge	g	Wunschmenge
1	Edelbitter-Schokolade 70%	72,00	g	90,63
2	Kakao	13,25	g	16,68
3	Vollmilch	480,00	g	604,20
4	Sahne, 30% Fett	100,00	g	125,87
5	Zucker, braun	14,00	g	17,62
6	Emil -18	115,19	g	145,00
	Gesamt	**794,44**	**g**	**1000,00 g**

Warme Zubereitung

Vanille Emil -18

Zutaten	Menge	g	Wunschmenge
1 Vollmilch	470,00	g	551,61
2 Sahne, 30% Fett	200,00	g	234,73
3 Vanilleschote	2,00	g	2,35
4 Zucker, weiß	56,50	g	66,31
5 Emil -18	123,55	g	145,00
Gesamt	**852,05**	**g**	**1000,00 g**

Warme Zubereitung

Weißes Schokoladen Emil -18

Zutaten	Menge	g	Wunschmenge
1 Schokolade, weiß	153,00	g	93,47
2 Vollmilch	980,00	g	598,71
3 Sahne, 30% Fett	250,00	g	152,73
4 Zucker, weiß	16,50	g	10,08
5 Emil -18	237,35	g	145,00
Gesamt	**1636,85**	**g**	**1000,00 g**

Warme Zubereitung

Kokos Emil -18

Zutaten	Menge	g	Wunschmenge
1 Kokosmilch	310,00	g	280,77
2 Vollmilch	480,00	g	434,74
3 Sahne, 30% Fett	84,00	g	76,08
4 Vanillezucker	20,00	g	18,11
5 Zucker, weiß	50,00	g	45,29
6 Emil -18	160,10	g	145,00
Gesamt	**1104,10**	**g**	**1000,00 g**

Tiramisu Emil -18

	Zutaten	Menge	g	Wunschmenge
1	Vollmilch	400,00	g	535,63
2	Mascarpone	122,50	g	164,04
3	Espresso	50,00	g	66,95
4	Zucker, weiß	41,00	g	54,90
5	Emil -18	108,28	g	145,00
6	Amaretto	25,00	g	33,48
	Gesamt	**746,78**	**g**	**1000,00 g**

Mascarpone und Amaretto erst nach dem Abkühlen zur Eismasse geben und reifen lassen.

Zitronen Mascarpone Emil -18

Zutaten	Menge	g	Wunschmenge
1 Sahne, 30% Fett	72,50	g	120,25
2 Mascarpone	70,00	g	116,10
3 Emil -18	87,43	g	145,00
4 Zucker, weiß	40,00	g	66,34
5 Vollmilch	258,00	g	427,91
6 Zitronensaft	75,00	g	124,39
Gesamt	**602,93**	**g**	**1000,00 g**

Statt Zitronensaft kann man auch Limettensaft oder Orangensaft benutzen. Mascarpone erst nach dem Abkühlen zufügen, wenn man das Eis warm zubereitet.

Snickers Emil-18

Zutaten	Menge	g	Wunschmenge
1 Vollmilch	603,00	g	597,41
2 Sahne, 30% Fett	150,00	g	148,61
3 Zucker, weiß	9,00	g	8,92
4 Emil -18	146,36	g	145,00
5 Snickers	101,00	g	100,06
Gesamt	**1009,36**	**g**	**1000,00 g**

Warme Zubereitung

Mars Emil-18

	Zutaten	Menge	g	Wunschmenge
1	Vollmilch	603,00	g	601,24
2	Sahne, 30% Fett	150,00	g	149,56
3	Zucker, weiß	3,50	g	3,49
4	Emil -18	145,42	g	145,00
5	Mars	101,00	g	100,71
	Gesamt	**1002,92**	**g**	**1000,00 g**

Warme Zubereitung

After Eight Emil-18

	Zutaten	Menge	g	Wunschmenge
1	Vollmilch	735,00	g	573,90
2	Sahne, 30% Fett	200,00	g	156,16
3	Zucker, weiß	30,00	g	23,42
4	Emil -18	185,70	g	145,00
5	After Eight	130,00	g	101,51
	Gesamt	**1280,70**	**g**	**1000,00 g**

Warme Zubereitung

Orangen Ricotta Emil -18

	Zutaten	Menge	g	Wunschmenge
1	Orangensaft	185,00	g	222,94
2	Zitronensaft	5,00	g	6,03
3	Ricotta	200,00	g	241,02
4	Vollmilch	220,00	g	265,12
5	Sahne, 30% Fett	50,00	g	60,25
6	Zucker, Weiß	47,50	g	57,24
7	Emil -18	120,32	g	145,00
8	Vanilleschote	2,00	g	2,41
	Gesamt	**829,82**	**g**	**1000,00 g**

Bei der warmen Zubereitung Ricotta nach dem Abkühlen zufügen, die Säfte frisch gepresst kurz vor der Eismaschine.

Málaga Emil -18

	Zutaten	Menge	g	Wunschmenge
1	Vollmilch	275,00	g	555,85
2	Sahne, 30% Fett	125,00	g	252,66
3	Zucker, weiß	23,00	g	46,49
4	Emil -18	71,74	g	145,00
	Gesamt	**494,74**	**g**	**1000,00 g**

50g Rosinen in 50g Málaga Dessertwein einlegen und das Gemisch zur Hälfte der Zeit in der Eismaschine zufügen.

Milcheis Emil -18

	Zutaten	Menge	g	Wunschmenge
1	Vollmilch	380,00	g	545,13
2	Sahne, 30% Fett	180,00	g	258,22
3	Zucker, weiß	36,00	g	51,64
4	Emil -18	101,08	g	145,00
	Gesamt	**697,08**	**g**	**1000,00 g**

Fior di Latte Emil -18

	Zutaten	Menge	g	Wunschmenge
1	Mascarpone	104,00	g	125,77
2	Vollmilch	480,00	g	580,47
3	Sahne, 30% Fett	70,00	g	84,65
4	Zucker, weiß	53,00	g	64,09
5	Emil -18	119,90	g	145,00
6	Salz	0,01	g	0,01
	Gesamt	**826,91**	**g**	**1000,00 g**

Das italienische Milcheis. Es wird garniert mit Schokoladensoße, Früchten oder Fruchtpüree, Nüssen, Honig, Krokant oder was immer einem einfällt.

Eine Kugel Fior di Latte in einem frisch gebrühten Espresso, macht sich auch sehr lecker. Die Italiener nennen das Affogato al caffè.

Marzipan Emil -18

Zutaten	Menge	g	Wunschmenge
1 Marzipan	72,00	g	71,66
2 Sahne, 30% Fett	110,00	g	109,49
3 Vollmilch	630,00	g	627,06
4 Zucker, weiß	20,00	g	19,91
5 Emil -18	145,68	g	145,00
6 Mandeln	25,00	g	24,88
7 Salz	0,01	g	0,01
8 Vanilleschote	2,00	g	1,99
Gesamt	**1004,69**	**g**	**1000,00 g**

Warme Zubereitung

Emil -18J   J für Joghurt

	Zutaten	Menge	g	Wunschmenge
1	JBK	1,00	g	5,00
2	Guarkernmehl	1,00	g	5,00
3	Trockenglukose	50,00	g	250,00
4	Dextrose	60,00	g	300,00
5	Magermilchpulver	25,00	g	125,00
6	Inulin	8,00	g	40,00
7	Joghurtpulver	35,00	g	175,00
	Gesamt	**180,00**	**g**	**900,00 g**

Und noch ein Fertigpulver. „Emil -18J" ist unser Fertigpulver für Joghurteis mit dem Extraschub für den Joghurtgeschmack. Die Zusammensetzung von Emil -18J ergibt sich aus den durchschnittlichen Werten der Bilanzen für Joghurteis in unserer Bilanz. Weiter wurde berücksichtigt, dass wir Joghurteis immer kalt zubereiten, was bedeutet, dass wir Pektin und Lecithin nicht nutzen. Kalkuliert wurden daher auf 1.000g Eismasse 1g Johannisbrotkernmehl, 1g Guarkernmehl, 50g Trockenglukose, 60g Dextrose für die volle Gefrierhemmung der Dextrose, 25g Magermilchpulver, 8g Inulin und 35g Joghurtpulver. Das ergibt eine Gesamtmenge von 180,00g Emil -18J auf 1.000g Eismasse. In der Bilanz oben sollen 5 Portionen Emil -18J für 5 x 1.000g Eismasse hergestellt werden, also 5 x 180g, ergibt 900g insgesamt. Den Wert 900 gibt man als Wunschmenge ein und schon rechnet die Datei die Mengen der einzelnen Zutaten aus. Diese mischen wir wieder zusammen, erst die großen Mengen, dann die kleinen Mengen. Mit einem Schneebesen alles gut vermischen und 5 Portionen zu je 180g abwiegen und gut verpacken, in Gefrierbeuteln, kleinen Gefrierboxen, Dosen oder Einmachgläsern mit Deckel, damit keine Feuchtigkeit an das Fertigpulver kommt. Nun ist unser Joghurtpulver einsatzbereit, wir können spontan und im Handumdrehen tolles Joghurteis erstellen.

Wer eine andere Füllmenge hat als 1.000g, gibt seine Füllmenge als Wunschmenge ein, z. B. 700g. Nun rechnet die Datei wieder aus, wie viel Emil -18J eine Eismasse mit 700g benötigt. Die Bilanz „Erdbeeren Emil -18J" zeigt uns jetzt 126g Emil -18J an. 5 Portionen wären 5 x 126g, das ergibt 630g. diesen Wert geben wir nun als Wunschmenge ein und schon errechnet uns die Datei in der Bilanz „Emil -18J" die Werte für die einzelnen Zutaten aus. Abwiegen, mischen, aufteilen und fertig sind auch hier 5 Portionen Fertigpulver. So geht das mit jeder beliebigen Füllmenge. Man kann auch einfach eine Menge X von Emil -18J herstellen und immer bei der Zubereitung einer Eismasse Emil -18J aus der Gesamtmenge abwiegen, so ist man flexibel mit der Füllmenge. Hier muss man aber vor dem Abwiegen das Fertigpulver noch einmal mit dem Schneebesen verrühren, damit die Mischung homogen wird.

Beim Anrühren der Eismasse zum Mixer greifen, da das Joghurtpulver gerne mal zum verklumpen neigt.

Joghurt Pur Emil -18J

	Zutaten	Menge	g	Wunschmenge
1	Joghurt griechisch	260,00	g	391,76
2	Zitronensaft	5,20	g	7,84
3	Vollmilch	205,00	g	308,89
4	Sahne, 30% Fett	50,00	g	75,34
5	Zucker, weiß	24,00	g	36,16
6	Emil -18J	119,46	g	180,00
7	Salz	0,01	g	0,01
	Gesamt	**663,67**	**g**	**1000,00 g**

Alle Zutaten, außer den Zitronensaft, in den Mixer, aufmixen und reifen lassen. Erst dann den Zitronensaft zufügen. Nachdem die Bindemittel wirken, gerinnt die Milch nicht mehr, wenn man den Zitronensaft zufügt.

Erdbeeren Emil -18J

	Zutaten	Menge	g	Wunschmenge
1	Erdbeeren	189,00	g	350,16
2	Zitronensaft	3,50	g	6,48
3	Joghurt griechisch	150,00	g	277,90
4	Vollmilch	30,00	g	55,58
5	Sahne, 30% Fett	40,00	g	74,11
6	Zucker, weiß	30,10	g	55,77
7	Emil -18J	97,16	g	180,00
8	Salz	0,01	g	0,01
	Gesamt	**539,76**	**g**	**1000,00**

Alle Zutaten, außer den Geschmacksträgern, hier Erdbeeren und Zitronensaft, mixen, 30 bis 60 Minuten reifen lassen. Jetzt die Geschmacksträger mischen, pürieren, zur Eismasse fügen und ab damit in die Eismaschine. So wird es bei allen Emil -18J Rezepten gemacht.

Himbeeren Emil -18J

	Zutaten	Menge	g	Wunschmenge
1	Himbeeren	165,00	g	335,73
2	Zitronensaft	4,00	g	8,14
3	Joghurt griechisch	150,00	g	305,21
4	Vollmilch	30,00	g	61,04
5	Sahne, 30% Fett	40,00	g	81,39
6	Zucker, weiß	14,00	g	28,49
7	Emil -18J	88,47	g	180,00
8	Salz	0,01	g	0,01
	Gesamt	**491,47**	**g**	**1000,00 g**

Bananen Emil -18J

	Zutaten	Menge	g	Wunschmenge
1	Bananen	190,00	g	317,18
2	Zitronensaft	4,00	g	6,68
3	Joghurt griechisch	150,00	g	250,40
4	Vollmilch	100,00	g	166,94
5	Sahne, 30% Fett	40,00	g	66,77
6	Zucker, weiß	7,20	g	12,02
7	Emil -18J	107,83	g	180,00
8	Salz	0,01	g	0,01
	Gesamt	**599,03**	**g**	**1000,00 g**

Heidelbeeren Emil -18J

	Zutaten	Menge	g	Wunschmenge
1	Heidelbeeren	190,00	g	358,98
2	Zitronensaft	4,00	g	7,56
3	Joghurt griechisch	150,00	g	283,41
4	Vollmilch	30,00	g	56,68
5	Sahne, 30% Fett	40,00	g	75,58
6	Zucker, weiß	20,00	g	37,79
7	Emil -18J	95,27	g	180,00
8	Salz	0,01	g	0,01
	Gesamt	**529,28**	**g**	**1000,00 g**

Kirsch Emil -18J

	Zutaten	Menge	g	Wunschmenge
1	Kirschen	200,00	g	400,00
2	Zitronensaft	4,00	g	8,00
3	Joghurt griechisch	125,00	g	250,00
4	Vollmilch	30,00	g	60,00
5	Sahne, 30% Fett	40,00	g	80,00
6	Zucker, weiß	11,00	g	22,00
7	Emil -18J	90,00	g	180,00
8	Salz	0,01	g	0,01
	Gesamt	**500,01**	**g**	**1000,00 g**

Passionsfrucht Emil -18J

	Zutaten	Menge	g	Wunschmenge
1	Passionsfrucht	150,00	g	383,17
2	Zitronensaft	4,00	g	10,22
3	Joghurt griechisch	80,00	g	204,36
4	Vollmilch	30,00	g	76,63
5	Sahne, 30% Fett	40,00	g	102,18
6	Zucker, weiß	17,00	g	43,43
7	Emil -18J	70,47	g	180,00
8	Salz	0,01	g	0,01
	Gesamt	**391,47**	**g**	**1000,00 g**

Mango Emil -18J

	Zutaten	Menge	g	Wunschmenge
1	Mango	190,00	g	364,02
2	Zitronensaft	4,00	g	7,66
3	Joghurt griechisch	150,00	g	287,38
4	Vollmilch	30,00	g	57,48
5	Sahne, 30% Fett	40,00	g	76,63
6	Zucker, weiß	14,00	g	26,82
7	Emil -18J	93,95	g	180,00
8	Salz	0,01	g	0,01
	Gesamt	**521,96**	g	1000,00 g

Pfirsich Emil -18J

	Zutaten	Menge	g	Wunschmenge
1	Pfirsich, frisch	160,00	g	372,72
2	Zitronensaft	4,00	g	9,32
3	Joghurt griechisch	100,00	g	232,95
4	Vollmilch	30,00	g	69,89
5	Sahne, 30% Fett	40,00	g	93,18
6	Zucker, weiß	18,00	g	41,93
7	Emil -18J	77,27	g	180,00
8	Salz	0,01	g	0,01
	Gesamt	**429,28**	g	1000,00 g

Brombeeren Emil -18J

Zutaten	Menge	g	Wunschmenge
1 Brombeeren	180,00	g	374,61
2 Zitronensaft	4,00	g	8,32
3 Joghurt griechisch	120,00	g	249,74
4 Vollmilch	30,00	g	62,44
5 Sahne, 30% Fett	40,00	g	83,25
6 Zucker, weiß	20,00	g	41,62
7 Emil -18J	86,49	g	180,00
8 Salz	0,01	g	0,01
Gesamt	**480,50**	**g**	**1000,00 g**

Holunderbeeren Emil -18J

Zutaten	Menge	g	Wunschmenge
1 Holunderbeeren	210,00	g	381,81
2 Zitronensaft	4,00	g	7,27
3 Joghurt griechisch	120,00	g	218,18
4 Vollmilch	57,00	g	103,64
5 Sahne, 30% Fett	40,00	g	72,73
6 Zucker, weiß	20,00	g	36,36
7 Emil -18J	99,00	g	180,00
8 Salz	0,01	g	0,01
Gesamt	**550,01**	**g**	**1000,00 g**

Holunderbeeren in etwas Wasser dünsten, bis sie weich sind. Abkühlen lassen und die Eismasse wie gewohnt herstellen. Die Menge der Holunderbeeren bezieht sich auf die gedünstete Menge.

Wir wissen: Nie Holunderbeeren roh servieren. Das verursacht Übelkeit.

Aprikosen Emil -18J

	Zutaten	Menge	g	Wunschmenge
1	Aprikosen	220,00	g	436,80
2	Zitronensaft	4,00	g	7,94
3	Joghurt griechisch	100,00	g	198,54
4	Vollmilch	25,00	g	49,64
5	Sahne, 30% Fett	40,00	g	79,42
6	Zucker, weiß	24,00	g	47,65
7	Emil -18J	90,66	g	180,00
8	Salz	0,01	g	0,01
	Gesamt	**503,67**	g	**1000,00 g**

Ananas Emil -18J

	Zutaten	Menge	g	Wunschmenge
1	Ananas	180,00	g	403,27
2	Zitronensaft	4,00	g	8,96
3	Joghurt griechisch	100,00	g	224,04
4	Vollmilch	30,00	g	67,21
5	Sahne, 30% Fett	40,00	g	89,62
6	Zucker, weiß	12,00	g	26,88
7	Emil -18J	80,35	g	180,00
8	Salz	0,01	g	0,01
	Gesamt	**446,35**	g	**1000,00 g**

Frische Ananas muss blanchiert werden, damit das Enzym verschwindet, das die Milch sauer macht.

Grapefruit Emil -18J

	Zutaten	Menge	g	Wunschmenge
1	Grapefruit	150,00	g	326,26
2	Zitronensaft	4,00	g	8,70
3	Joghurt griechisch	130,00	g	282,76
4	Vollmilch	30,00	g	65,25
5	Sahne, 30% Fett	40,00	g	87,00
6	Zucker, weiß	23,00	g	50,03
7	Emil -18J	82,76	g	180,00
8	Salz	0,01	g	0,01
	Gesamt	**459,76**	**g**	**1000,00 g**

Limetten Emil -18J

	Zutaten	Menge	g	Wunschmenge
1	Limettensaft	190,00	g	378,34
2	Zitronensaft	4,00	g	7,96
3	Joghurt griechisch	140,00	g	278,77
4	Vollmilch	30,00	g	59,74
5	Sahne, 30% Fett	40,00	g	79,65
6	Zucker, weiß	7,80	g	15,53
7	Emil -18J	90,40	g	180,00
8	Salz	0,01	g	0,01
	Gesamt	**502,20**	**g**	**1000,00 g**

Zitronen Emil -18J

	Zutaten	Menge	g	Wunschmenge
1	Limettensaft	4,00	g	9,41
2	Zitronensaft	110,00	g	258,82
3	Joghurt griechisch	140,00	g	329,41
4	Vollmilch	30,00	g	70,59
5	Sahne, 30% Fett	40,00	g	94,12
6	Zucker, weiß	24,50	g	57,65
7	Emil -18J	76,50	g	180,00
8	Salz	0,01	g	0,01
	Gesamt	**425,01**	**g**	**1000,00 g**

Walnuss Honig Emil -18J

	Zutaten	Menge	g	Wunschmenge
1	Walnuss	100,00	g	76,71
2	Honig	26,00	g	19,94
3	Joghurt griechisch	280,00	g	214,78
4	Vollmilch	620,00	g	475,58
5	Sahne, 30% Fett	40,00	g	30,68
6	Zucker, weiß	3,00	g	2,30
7	Emil -18J	234,66	g	180,00
8	Salz	0,01	g	0,00
	Gesamt	**1303,66**	**g**	**1000,00 g**

Walnüsse mit etwas extra Honig in einer beschichteten Pfanne karamellisieren, abkühlen lassen und die Eismasse wie gewohnt herstellen. Die karamellisierten Nüsse gut mixen.

Haselnuss Emil -18J

	Zutaten	Menge	g	Wunschmenge
1	Haselnussmus	88,00	g	72,67
2	Ahornsirup	20,00	g	16,52
3	Joghurt griechisch	220,00	g	181,67
4	Vollmilch	610,00	g	503,73
5	Sahne, 30% Fett	40,00	g	33,03
6	Zucker, weiß	15,00	g	12,39
7	Emil -18J	217,97	g	180,00
8	Salz	0,01	g	0,00
	Gesamt	**1210,98**	**g**	**1000,00 g**

Pistazien Emil -18J

	Zutaten	Menge	g	Wunschmenge
1	Pistazien, ungesalzen	83,00	g	75,37
2	Ahornsirup	20,00	g	18,16
3	Joghurt griechisch	170,00	g	154,37
4	Vollmilch	580,00	g	526,69
5	Sahne, 30% Fett	40,00	g	36,32
6	Zucker, weiß	10,00	g	9,08
7	Emil -18J	198,22	g	180,00
8	Salz	0,01	g	0,00
	Gesamt	**1101,23**	**g**	**1000,00 g**

1/3 der Pistazien in einer beschichteten Pfanne vorsichtig rösten, aber nicht verbrennen.

Man kann auch Pistazienmus verwenden.

Rhabarber Emil -18J

	Zutaten	Menge	g	Wunschmenge
1	Rhabarber	119,00	g	335,32
2	Zitronensaft	4,00	g	11,27
3	Joghurt griechisch	90,00	g	253,60
4	Vollmilch	30,00	g	84,53
5	Sahne, 30% Fett	20,00	g	56,36
6	Zucker, weiß	28,00	g	78,90
7	Emil -18J	63,88	g	180,00
8	Salz	0,01	g	0,01
	Gesamt	**354,89**	g	**1000,00 g**

Die Menge Rhabarber bezieht sich auf geschälten und gedünsteten Rhabarber.

Johannisbeeren Emil -18J

	Zutaten	Menge	g	Wunschmenge
1	Johannisbeeren	200,00	g	342,37
2	Zitronensaft	4,00	g	6,85
3	Joghurt griechisch	155,00	g	265,34
4	Vollmilch	60,00	g	102,71
5	Sahne, 30% Fett	40,00	g	68,47
6	Zucker, weiß	20,00	g	34,24
7	Emil -18J	105,15	g	180,00
8	Salz	0,01	g	0,01
	Gesamt	**584,16**	g	**1000,00 g**

Wer die Kerne der Johannisbeeren nicht im Eis mag, streicht die Früchte durch ein Sieb. Die Menge der Früchte bezieht sich dann auf gesiebte Früchte.

Stachelbeeren Emil -18J

Zutaten	Menge	g	Wunschmenge
1 Stachelbeeren	170,00	g	358,35
2 Zitronensaft	4,00	g	8,43
3 Joghurt griechisch	110,00	g	231,87
4 Vollmilch	45,00	g	94,86
5 Sahne, 30% Fett	40,00	g	84,32
6 Zucker, weiß	20,00	g	42,16
7 Emil -18J	85,39	g	180,00
8 Salz	0,01	g	0,01
Gesamt	**474,40**	**g**	**1000,00 g**

Pflaumen Emil -18J

Zutaten	Menge	g	Wunschmenge
1 Pflaumen	173,00	g	388,65
2 Zitronensaft	4,00	g	8,99
3 Joghurt griechisch	100,00	g	224,65
4 Vollmilch	30,00	g	67,40
5 Sahne, 30% Fett	40,00	g	89,86
6 Zucker, weiß	18,00	g	40,44
7 Emil -18J	80,13	g	180,00
8 Salz	0,01	g	0,01
Gesamt	**445,13**	**g**	**1000,00 g**

Orangen Emil -18J

	Zutaten	Menge	g	Wunschmenge
1	Orangensaft	320,00	g	355,55
2	Joghurt griechisch	180,00	g	200,00
3	Vollmilch	100,00	g	111,11
4	Sahne, 30% Fett	100,00	g	111,11
5	Zucker, weiß	38,00	g	42,22
6	Emil -18J	162,00	g	180,00
7	Salz	0,01	g	0,01
	Gesamt	**900,01**	g	**1000,00 g**

Mandarinen Emil -18J

	Zutaten	Menge	g	Wunschmenge
1	Mandarinen	600,00	g	358,60
2	Zitronensaft	10,00	g	5,98
3	Joghurt griechisch	250,00	g	149,42
4	Vollmilch	220,00	g	131,49
5	Sahne, 30% Fett	250,00	g	149,42
6	Zucker, weiß	42,00	g	25,10
7	Emil -18J	301,17	g	180,00
8	Salz	0,02	g	0,01
	Gesamt	**1673,19**	g	**1000,00 g**

Sanddorn Emil -18J

Zutaten	Menge	g	Wunschmenge
1 Limettensaft	4,00	g	9,56
2 Sanddornsaft	110,00	g	262,97
3 Joghurt griechisch	140,00	g	334,69
4 Vollmilch	30,00	g	71,72
5 Sahne, 30% Fett	40,00	g	95,63
6 Zucker, weiß	19,00	g	45,42
7 Emil -18J	75,30	g	180,00
8 Salz	0,01	g	0,01
Gesamt	**418,30**	g	**1000,00 g**

Gorgonzola-Eis

	Zutaten	Menge	g	Wunschmenge
1	Gorgonzola	250,00	g	220,04
2	Basilikum	10,00	g	8,80
3	Weißwein	34,00	g	29,93
4	Maltodextrin	55,00	g	48,41
5	Magermilchpulver	25,00	g	22,00
6	Inulin	16,00	g	14,08
7	Salz	10,00	g	8,80
8	Sahne, 30% Fett	200,00	g	176,03
9	Vollmilch	500,00	g	440,07
10	JBK	2,27	g	2,00
11	Glycerin	33,90	g	29,84
	Gesamt	**1136,17**	g	**1000,00 g**

Kalte Zubereitung

Zum Abschluss unseres Klassenbuches wird es mediterran und sehr lecker. Das Gorgonzola Eis bereitet man kalt zu und mit Maltodextrin, damit es nicht zu süß wird. Damit es cremig bleibt, bilanzieren wir hier erstmals Glycerin mit. Das Gorgonzola Eis passt perfekt auf einen mediterranen Salat mit Schinken, Ei, Chilisalami und Garnelen.

Grüne Oliven Schafskäse Eis

	Zutaten	Menge	g	Wunschmenge
1	Grüne Oliven	330,00	g	331,66
2	Schafskäse	200,00	g	201,01
3	Sahne, 30% Fett	24,00	g	24,12
4	Vollmilch	250,00	g	251,26
5	Maltodextrin	100,00	g	100,50
6	Zucker, weiß	10,00	g	10,05
7	Zitronensaft	10,00	g	10,05
8	Magermilchpulver	29,00	g	29,15
9	Glycerin	40,00	g	40,20
10	JBK	1,99	g	2,00
	Gesamt	**994,99**	**g**	**1000,00 g**

Kalte Zubereitung

Dieses Eis ist der absolute Hammer. Es schmeckt pur, auf einem Salat mit Aubergine, Schinken und Pilzen oder was immer einem einfällt und es passt perfekt zu einem Martini. Geschüttelt und nicht gerührt, begeistert sich sogar James Bond dafür!

Panettone Eis

	Zutaten	Menge	g	Wunschmenge
1	Vanilleschote	1,60	g	1,77
2	Zitronenschale	10,00	g	11,08
3	Orangenschale	10,00	g	11,08
4	Zimt	0,70	g	0,78
5	Mandeln	10,00	g	11,08
6	Rosinen	30,00	g	33,23
7	Eigelb	40,00	g	44,31
8	Vollmilch	462,00	g	511,73
9	Sahne, 30% Fett	185,00	g	204,91
10	Zucker, weiß	24,00	g	26,58
11	Trockenglukose	40,00	g	44,31
12	Dextrose	53,70	g	59,48
13	Magermilchpulver	26,00	g	28,80
14	Inulin	8,00	g	8,86
15	JBK	1,81	g	2,00
16	Salz	0,01	g	0,01
	Gesamt	**902,82**	**g**	**1000,00 g**

Warme Zubereitung

Das ist nun das letzte von 215 Rezepten.

Es ist das Rezept mit den meisten Zutaten und der perfekte Abschluss für unser Klassenbuch 2001/2022.

Zeugnisvergabe

Wer nun bis hierhin gekommen ist, dem darf gratuliert werden, denn das Eis-Abitur ist erfolgreich und mit Auszeichnung absolviert. Herzlichen Glückwunsch! Ihr seid nun selbst Profis bei der Eisherstellung. Euch kann niemand mehr etwas vormachen, erzählen und schon gar niemand kann Euch teure Fertigpulver andrehen. Es gibt nur eine Gefahr: Die Personen, die Ihr von Eurem Eis habt kosten lassen, die werdet Ihr nicht mehr los. Werden sie ausgesperrt, weil sie zu aufdringlich wurden, könnten sich daraus Eisdiebe entwickeln. Das soll vereinzelt schon vorgekommen sein!

Wer noch Fragen hat, kommt auf unseren Pausenhof in die Facebook-Gruppe „Eis-Abitur", hier findet man immer Rat und Tat, Bezugsquellen für die Zutaten und was immer einem noch fehlt.

Wer den Vertrauenslehrer Befragen möchte, schreibt eine Mail an Frank@Eis-Abitur.de. Wer die Eisbilanz nicht öffnen oder downloaden kann, schickt eine Mail an Datei@Eis-Abitur.de und wer mal mit unserem Praktikanten Emil plaudern möchte, schreibt eine Mail an Emil@Eis-Abitur.de und bekommt bestimmt ein fröhliches Schnurren als Antwort, sofern Emil nicht gerade mal wieder pennt!

Viel Spaß mit dem Eis-Abitur, vielen Dank für Euer Interesse und lauter Grüße,

Emil & Frank

Spickzettel

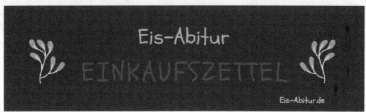

Unverzichtbar
- ☐ Zucker
- ☐ Trockenglukose
- ☐ Dextrose
- ☐ Magermilchpulver
- ☐ Johannisbrotkernmehl
- ☐ Salz
- ☐

Ergänzungszutaten
- ☐ Inulin
- ☐ Guarkernmehl
- ☐ Pektin
- ☐ Lecithin
- ☐ Joghurtpulver
- ☐
- ☐

Für den Geschmack
- ☐ Schokolade
- ☐ Früchte
- ☐ Vanille
- ☐ Aromen
- ☐ Zitronen
- ☐ Mascarpone etc.
- ☐ Milch, Sahne, Eier etc.

Mitarbeiter
- ☐ Eismaschine
- ☐ Gefrierdosen, Mixer
- ☐ Sicherheitsdienst gegen Eisdiebe
- ☐ Spatel, Küchenmaschine
- ☐ Thermometer für Tiefkühle
- ☐ Lebensmittel-Thermometer

Schaubild Verzuckerung von Stärke:

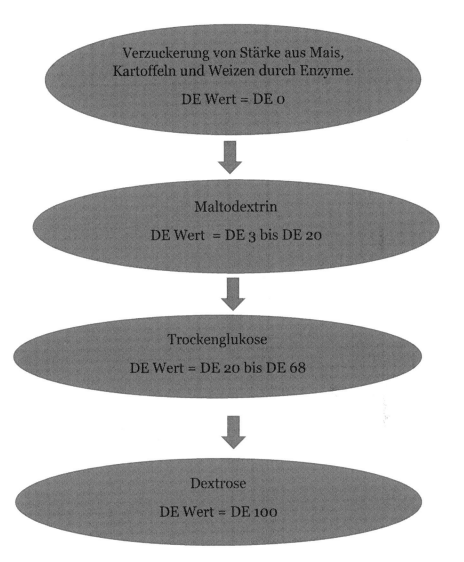

Verhältnis Süßkraft und Gefrierhemmung.

Stoff	Süßkraft POD Wert	Gefrierhemmung PAC Wert
Zucker	100%	100%
Maltodextrin DE 18	15%	33%
Trockenglukose DE 38	33 %	40%
Dextrose	70%	190%
Invertzucker	130%	190%

Eis-Abitur.de

SPICKZETTEL
Bis 8% Trockenglukose

...kalkulieren wir bei Milch-Sahne-Eis und Sorbet auf die Eismssse also bis 80g auf 1.000g Eismasse.
Trockenglukose verringert den Zuckeranteil, bindet Wasser, macht weniger süß und verbessert die Struktur.

Eis-Abitur.de

SPICKZETTEL
Bis zu 6% Dextrose

...kalkulieren wir bei Milch-Sahne-Eis und Sorbet auf die Eismasse, also bis zu 60g Dextrose auf 1.000g Eismasse.

Die Lagertemperatur -18°C benötigt volle 6%.
Wärmere Temperaturen weniger.

Eis-Abitur.de

SPICKZETTEL

JOHANNISBROTKERNMEHL UND
GUARKERNMEHL HEIRATEN...

BIS JETZT HABEN DIE BEIDEN BEI UNS IN WILDER
EHE GELEBT. JETZT HABEN SIE SICH DAS
JA-WORT GEGEBEN. GEMEINSAM TEILEN SIE SICH
ALLE ANTEILE JBK IN UNSEREN REZEPTEN UND
WIRKEN POSITIV AUF UNSER EIS.

EIS·ABITUR

SPICKZETTEL

JOHANNISBROTKERNMEHL UND
GUARKERNMEHL HABEN ZWILLINGE...

...DIE BEIDEN HEISSEN PEKTIN UND LECITHIN
UND SIND BEI WARMER ZUBEREITUNG VOLL
ERBBERECHTIGT. TEILEN SICH DEN VOLLEN
ANTEIL JBK ZUSÄTZLICH.

EIS·ABITUR

SPICKZETTEL
3% bis 5% Inulin

...kalkulieren wir bei Milch-Sahne-Eis und Sorbet auf die in der Kalkulation ausgewiesenen Trockenmasse! Nicht auf die Eismasse!

♥ Wir lieben Inulin! ♥
● Nicht vergessen! ●

Eis-Abitur.de

SPICKZETTEL
Magermilchpulver

...kalkulieren wir bei Milch-Sahne-Eis bis zu 3% auf die Eismssse also bis 30g auf 1.000g Eismasse. Magermilchpulver bindet Wasser, verbessert die Struktur im Eis und macht es cremiger.

Eis-Abitur.de

SPICKZETTEL

GLYCERIN IM EIS

FÜR ALLE EISSORTEN OHNE ALKOHOL IST GLYCERIN DER PERFEKTE GEFRIERHEMMER. GLYCERIN BINDET WASSER, MACHT DAS EIS AUCH BEI TIEFEN TEMPERATUREN PERFEKT PORTIONIERBAR OHNE WASSERKRISTALLE.

20G AUF 1.000G EISMASSE ZUR HÄLFTE DER ZEIT IN DER EISMASCHINE UND DAS EIS IST AUS DER TIEFKÜHLE EINE WUCHT.

EIS-ABITUR

SPICKZETTEL
Input = Output

Je hochwertiger die Zutaten, desto besser schmeckt unser Eis. Sehr reife Früchte verwenden, gute Schokolade mit hohem Kakao-Anteil, aromareiche Nüsse, Vanille etc.

Eis schmeckt nur so gut wie seine Zutaten.

Eis-Abitur.de

SPICKZETTEL

Eis warm zubereiten

ALLE ZUTATEN DER
TROCKENMASSE VERRÜHREN.

ZU DEN FLÜSSIGEN ZUTATEN
GEBEN.

UNTER RÜHREN ERHITZEN
ABER NICHT KOCHEN.

AUFMIXEN ABKÜHLEN LASSEN
UND ÜBER NACHT IN DEN
KÜHLSCHRANK STELLEN.

AUFMIXEN UND IN DIE
EISMASCHINE GEBEN.

GEEIGNET FÜR ALLE
EISSORTEN, DEREN AROMEN
REIFEN MÜSSEN, ETWA BEI
SCHOKOLADE, NÜSSEN
VANILLE ETC.

Eis-Abitur

SPICKZETTEL
Eis kalt zubereiten

ALLE ZUTATEN DER TROCKENMASSE VERRÜHREN.

ZU DEN FLÜSSIGEN ZUTATEN GEBEN.

VERRÜHREN UND MIXEN.

IN DIE EISMASCHINE GEBEN.

GEEIGNET FÜR ALLE EISSORTEN, DEREN AROMEN NICHT REIFEN MÜSSEN, ETWA BEI FRÜCHTEN.

ALLE ZUTATEN DER TROCKENMASSE SIND KALTLÖSLICH

Eis-Abitur

SPICKZETTEL

IST BACKKAKAO IM REZEPT?
DIESEN MIT ETWAS MILCH...

...KURZ AUF 92°C ERHITZEN, DARUNTER
ENTFALTET KAKAO SEIN VOLLES AROMA
NICHT, DARÜBER VERGEHT ES.

EIS-ABITUR

SPICKZETTEL
BEI KÄSE, QUARK ODER JOGHURT IM REZEPT...

...ERHITZT MAN, BEI DER WARMEN ZUBEREITUNG, DIESE ZUTATEN NICHT MIT. SIE WERDEN NACH DEM ABKÜHLEN VOR DEM KÜHLSCHRANK DER EISMASSE ZUGEFÜGT.

EIS-ABITUR

SPICKZETTEL

FRISCHE ANANAS, PAPAYA, KIWI UND MANGO...

...VOR DER ZUBEREITUNG MIT HEISSEM WASSER ÜBERGIESSEN. SONST WIRD DIE MILCH SAUER.

EIS-ABITUR

ALKOHOL IM REZEPT UND DAS EIS IST ZU WEICH IN DER TIEFKÜHLE?

ALLE MENGEN ÜBER 30G AUF 1.000G EISMASSE BEI DER ZUBEREITUNG ERHITZEN, DEN REST ZUR HÄLFTE DER ZEIT IN DER EISMASCHINE ZUFÜGEN.

ODER ALLES ERHITZEN UND ZUR HÄLFTE DER ZEIT IN DER EISMASCHINE EINEN GUTEN SCHUSS VON BIS ZU 30G AUF 1.000G EISMASSE ZUSÄTZLICH ZUFÜGEN. DAS SORGT FÜR MEHR GESCHMACK...

SPICKZETTEL 0,3L
EIS-ABITUR.DE

SPICKZETTEL

ZUCKERMELONEN WIE HONIG-, CANTALOUPE- ODER GALIAMELONE...

...HABEN IHRE KERNE IN DER MITTE UND MÜSSEN FRISCH BLANCHIERT WERDEN, DA SIE EIN ENZYM ENTHALTEN, DASS DIE MILCH SAUER MACHT.

EIS-ABITUR

SPICKZETTEL

Eis mit Ei

Eigelb mit Zucker schaumig schlagen und zur Seite stellen.
Unter rühren alle flüssigen Zutaten, dann alle trockenen Zutaten zufügen und unter rühren auf 85°C erhitzen, Eimasse zufügen und rühren, bis die Masse andickt.
Durchmixen.
Abkühlen und einige Stunden im Kühlschrank reifen lassen.
Durchmixen.
Ab damit in die Eismaschine.
Manche Rezepte enthalten zusätzlich JBK in halber Menge als üblich. Hier nutzen wir nur JBK und Guarkernmehl. Das macht das Eis fitter für die Tiefkühle. Man kann die Zutat auch weglassen. Das Eis wird dann etwas fester bei -18°C.

EIS-ABITUR.DE

Verhältnis Süßkraft und Gefrierhemmung.

Stoff	Süßkraft POD Wert	Gefrierhemmung PAC Wert
Zucker	100%	100%
Maltodextrin DE 18	15%	33%
Trockenglukose DE 38	33 %	40%
Dextrose	70%	190%
Invertzucker	130%	190%

Eis-Abitur.de

Mengen der Zutaten bezogen auf 1.000g Eismasse bzw. auf den Anteil der Trockenmasse.

Gewürze 1g oder mehr auf 1.000g	Zimt 1g bis 2g auf 1.000g	Glycerin ☆ 20g auf 1.000g
Zucker Frei	Magermilchpulver 30g auf 1.000g	Vanille Bis 3g auf 1.000g
Maltodextrin DE 18 Frei	Joghurtpulver 20 - 40g auf 1.000g	Salz 0,01g auf 1.000g
Trockenglukose Bis 8%	Früchte 200g bis 400g	Kakao Bis 5g auf 1.000g
Dextrose 3% bis 6%	Schokolade Kuvertüre 60g bis 150g oder mehr	Eigelb Bis 150g auf 1.000g
Inulin 3% bis 5% der Trockenmasse	JBK ohne Ei ☆☆ 2g auf 1.000g	JBK mit Ei 1g auf 1.000g

☆ Wird nicht bilanziert, ist Zusatz zur Hälfte der Zeit in der Eismaschine
☆☆ Spickzettel JBK, Guarkernmehl, Pektin und Lecithin beachten.
Eis-Abitur.de

Register

After Eight Eis 66
After Eight Emil-18..243
Amaretto Napoli Eis..107
Ananas Emil -18 234
Ananas Emil -18J..255
Ananas Joghurt Eis...195
Apfel Ricotta Eis 138
Apfel Sorbet..152
Aprikosen Emil -18 233
Aprikosen Emil -18J..255
Aprikosen Joghurt Eis...194
Baileys Eis...131
Bananen Eis..64
Bananen Emil -18 229
Bananen Emil -18J..251
Bananen Joghurt Eis...184

- Bananen Sorbet 153
- Bier Eis 85
- Bilanzieren 207
- Bindemittel 31
  - Birnen Vanille Sorbet mit oder ohne Portwein 154
  - Bratapfel Eis 180
  - Brombeeren Emil -18 232
  - Brombeeren Emil -18J 254
  - Brombeeren Joghurt Eis 192
  - Caipirinha Sorbet 155
  - Campari Orangen Sorbet 156
  - Cantaloupe Melone Eis 136
  - Cantaloupe Melone Mascarpone Eis 134
  - Cappuccino Eis 76
  - Champagner Sorbet 156
  - Christstollen Eis 165
  - Daim Eis 133
- Die Eisbilanz 18
- Die Eismaschine 47
- Die Tiefkühlung 46
  - Dominosteine Eis 166
  - Eierlikör Eis mit Ei 181
  - Eierlikör Eis 87
- Einkaufszettel 15
- Einschulung 12
- Emil -18 224
  - Emil -18J   J für Joghurt 247
- Emil Cool 222
- Emil Hot 223
  - Erdbeer Eis 63
  - Erdbeer Sorbet 157
  - Erdbeeren Emil -18 229
  - Erdbeeren Emil -18J 250
  - Erdbeeren Joghurt Eis 182
  - Erdnuss Eis salzig 144
  - Erdnuss Eis 143

Feigen Eis 77

Feigen Portwein Eis 80

Fertigpulver 221

Fior di Latte Emil -18 245

Fior di Latte 90

Gebrannte Mandeln Eis - Mit oder ohne Eierlikör! 175

Gebrannte Walnüsse Eis 174

Gin Tonic Sorbet 159

Giotto Eierlikör Eis 122

Giotto Eis 121

Glycerin 41

Gorgonzola-Eis 263

Grapefruit Emil -18 234

Grapefruit Emil -18J 256

Grapefruit Joghurt Eis 196

Grieß Eis 150

Grüne Oliven Schafskäse Eis 265

Grüntee Sorbet 158

Gurken Minze Sorbet 160

Haselnuss Emil -18J 258

Haselnuss Eis 101

Haselnuss Emil -18 236

Haselnuss Joghurt Eis 200

Heidelbeeren Emil -18 230

Heidelbeeren Emil -18J 251

Heidelbeeren Joghurt Eis 187

Himbeeren Emil -18 230

Himbeeren Emil -18J 250

Himbeeren Joghurt Eis 183

Holunderbeeren Emil -18 233

Holunderbeeren Emil -18J 254

Holunderbeeren Joghurt Eis 193

Holunderbeeren Rotwein Eis 139

Honigmelonen Sorbet 161

Hugo Eis 115

Hugo Sorbet 161

Inhaltsverzeichnis	3
Input = Output	44
Inulin	36
Jasmin Matcha Sorbet	159
Joghurt Pur Eis	185
Joghurt Pur Emil -18J	249
Johannisbeeren Emil -18	238
Johannisbeeren Emil -18J	259
Johannisbeeren Joghurt Eis	203
Kinder Schokobons Eis	128
Kinderschokolade Eis	127
Kirsch Bananen Eis	140
Kirsch Eis	100
Kirsch Emil -18J	252
Kirschen Emil -18	231
Kirschen Joghurt Eis	188
Kokos Eis	97
Kokos Emil -18	241
Kokos Mango Eis	125
Kürbis Eis	145
Lakritz Eis	98
Lebkuchen Eis	167
Limette Emil -18	235
Limetten Emil -18J	256
Limetten Joghurt Eis	197
Macadamia Karamell Eis	146
Magermilchpulver	38
Málaga Eis	99
Málaga Emil -18	244
Mandarinen Emil -18J	261
Mandarinen Joghurt Eis	172
Mango Eis	102
Mango Emil -18	232
Mango Emil -18J	253
Mango Fruchtpüree Eis	126
Mango Joghurt Eis	190

Mango Sorbet	162
Maronen Eis mit Creme	173
Mars Eis	124
Mars Emil-18	243
Marzipan Eis	106
Marzipan Emil -18	246
Marzipankartoffel Eis	168
Matcha Eis	142
Matchatee Sorbet	158
Meuterei auf der Bounty	120
Milch Eis	89
Milcheis Emil -18	245
Milky Way Eis	124
Mon Cheri Eis	119
Monin Zuckerwatte Eis	105
Nougat Eis	118
Nuss Nougat Eis mit Amarenakirschen	108
Nutella Eis	132
Orangen Emil -18J	261
Orangen Joghurt Eis	186
Orangen Ricotta Emil -18	244
Orangen Schokolade Eis mit Ei	179
Panettone Eis	266
Passionsfrucht Emil -18	231
Passionsfrucht Emil -18J	252
Passionsfrucht Joghurt Eis	189
Pasteurisieren	58
Pfirsich Eis	117
Pfirsich Emil -18	228
Pfirsich Emil -18J	253
Pfirsich Joghurt Eis	191
Pflaumen Eis	129
Pflaumen Emil -18	239
Pflaumen Emil -18J	260
Pflaumen Joghurt Eis	205
Philadelphia Ananas Eis	69

Philadelphia Aprikosen Eis	113
Philadelphia Brombeere Eis	109
Philadelphia Heidelbeeren Eis	68
Philadelphia Himbeeren Eis	110
Philadelphia Johannisbeeren Eis	111
Philadelphia Wassermelone	114
Pinienkern Eis	147
Pistazien Eis	71
Pistazien Emil -18	237
Pistazien Emil -18J	258
Pistazien Joghurt Eis	201
Popcorn Eis	151
Raffaello Eis	130
Rhabarber Emil -18	237
Rhabarber Emil -18J	259
Rhabarber Joghurt Eis	202
Rocher (Baileys) Eis	148
Sahne Muh Muhs Eis	149
Salz Karamell Eis	144
Sanddorn Eis	141
Sanddorn Emil -18J	262
Sanddorn Joghurt Eis	206
Sanddorn Mascarpone Eis	141
Sanddorn Sorbet mit Wodka	157
Sauerrahm Eis	91
Sauerrahm Senf Eis	92
Schoko Orangen Eis	93
Schoko Sorbet	162
Schokolade Sauerkirschen Eis mit Amaretto	169
Schokoladen Chili Eis	94
Schokoladen Eis mit Ei	178
Schokoladen Eis	60
Schokoladen Emil -18	239
Schwarzwälder Kirsch Eis	73
Sex On The Beach Sorbet	163
Snickers Eis	65

Snickers Emil-18 242

Spekulatius Eis mit Creme 170

Spickzettel Alkohol 78

Spickzettel 268

Stachelbeeren Emil -18 238

Stachelbeeren Emil -18J 260

Stachelbeeren Joghurt Eis 204

Stracciatella Eis 75

Tiramisu Eis 81

Tiramisu Emil -18 241

Toblerone Eis 103

Toffifee Eis 116

Vanille Eis mit Ei 176

Vanille Eis 67

Vanille Emil -18 240

Waldmeister Eis 104

Walnuss Eis Maple mit Ahornsirup 95

Walnuss Honig Emil -18 236

Walnuss Honig Emil -18J 257

Walnuss Honig Joghurt Eis 199

Wassermelonen Eis 137

Weißes Schokoladen Eis mit Ei 179

Weißes Schokoladen Eis 86

Weißes Schokoladen Emil -18 240

Weißwein Eis 83

Zeugnisvergabe 267

Zimtsterne Eis 171

Zitrone Buttermilch Eis 123

Zitrone Emil -18 235

Zitronen Basilikum Sorbet 164

Zitronen Eis 96

Zitronen Emil -18J 257

Zitronen Joghurt Eis 198

Zitronen Mascarpone Eis 50

Zitronen Mascarpone Emil -18 242

Zucker, Glukose & Co 19